俄语教学理论与实践研究

王茜莹　著

延吉·延边大学出版社

图书在版编目（CIP）数据

俄语教学理论与实践研究 / 王茜莹著. -- 延吉：
延边大学出版社, 2023.8
ISBN 978-7-230-05277-1

Ⅰ．①俄… Ⅱ．①王… Ⅲ．①俄语－教学研究－高等
学校 Ⅳ．①H359.3

中国国家版本馆 CIP 数据核字(2023)第 148308 号

俄语教学理论与实践研究

著　　者：王茜莹
责任编辑：李　真
封面设计：文合文化
出版发行：延边大学出版社
地　　址：吉林省延吉市公园路977号　　　　邮　编：133002
网　　址：http://www.ydcbs.com　　　　E-mail：ydcbs@ydcbs.com
电　　话：0433-2732435　　　　传　真：0433-2732434
印　　刷：三河市龙大印装有限公司
开　　本：787毫米×1092毫米　1/16
印　　张：12
字　　数：230千字
版　　次：2023年8月第1版
印　　次：2023年9月第1次印刷
书　　号：ISBN 978-7-230-05277-1

定　　价：49.80 元

前　言

　　俄语教学是我国高等教育外语教学的重要组成部分。随着我国与俄罗斯及独联体国家的合作越来越趋于多元化，俄语学习已经成为了一种趋势。进入 21 世纪以来，我国高校教学进行了一系列改革，内容涉及教学大纲、教学模式、教材和网络教学平台、教学评估、师资队伍等诸多方面。为确保改革的顺利进行，中华人民共和国教育部高等教育司多次将其列入年度工作重点，并采取了全国性宣讲、设立专项教改研究项目、确立教改试点单位和遴选教改示范点项目学校等措施。与此同时，全国广大一线教师也积极探索，勇于实践，取得了令人瞩目的成绩。但在另一方面我们也必须认识到，俄语教学工作仍然存在着不足，离国家和社会的要求还有一定的差距，且近年来面临着修读学生较少等问题。为适应我国高等教育发展的新形势，总结近年来俄语教学改革的经验，进一步提高俄语教学质量，笔者撰写了《俄语教学理论与实践研究》。

　　外语是一门应用性极强的学科，但这丝毫没有影响其理论上的博大精深。俄语的语法结构非常严谨，而且语法条目又很复杂，如何让学生喜欢俄语语法的课堂教学，成为俄语教师在教学实践中需要重点考虑的问题。俄语教学具有自身明显的特点，那就是更注重语言的实际应用性。因此，实践教学相较于理论教学，对学生的语言应用能力发展，具有更加重要的意义。基于此，采取积极有效的实践教学方法，为学生提供更多语言实践应用机会，进一步激发学生的俄语学习兴趣非常重要。

　　本书从高等教育中外语教学研究入手，首先介绍了俄语教学及其教学设计，然后探讨了俄语教学中的文化问题及重点知识解析，接着对多媒体技术、微格模式、微课模式以及课程思政在俄语教学中的具体应用进行了研究与分析。本书对当前俄语教学中的问题做了较为系统的梳理，基础理论和实践相结合，可为相关研究者提供借鉴。

前　言

目 录

第一章　高等教育中外语教学研究

随着《国家中长期教育改革和发展规划纲要（2010-2020 年）》的进一步贯彻落实，中外合作办学，尤其是"走出去"办学取得了重大突破性进展，这对提高我国高等教育国际竞争力起到巨大的推动作用。

随着教学改革的不断深入，高校教育应坚持以转变教学思想和教育观念为先导，以素质教育为中心，进一步端正教风和学风，扎扎实实地做好各项教学工作，力争让教学的声音更响一些，教学改革更实一些，教学建设更快一些，教学管理更硬一些，不断提高教学质量。

第一节　高等教育外语教学的目标与原则

外语是专业技术人员学习国外先进知识和技术，开展对外学术技术交流的重要工具。随着我国市场经济体制以及全球经济一体化、社会信息化格局的形成，高等院校外语本科专业多年所形成的以外国语言文学为依附的"经院式"单科型教育模式已难以适应社会市场对外语专业人才的需求。外语作为一项技能，更多地依附于其他各种应用型专业。高校构建复合型、应用型外语本科人才培养模式，已是大势所趋。因此，对外语教学法的相关研究尤为重要。

一、高等教育外语教学的目标

外语课程的教学任务是训练学生运用外语这一媒介，准确获取和转化信息。但在对未来职业的设想中，仅仅有外语知识方面的教学是不够的，还要了解有关商务、贸易方面的知识，这样才能达到拓宽学生就业口径的目的。因此，外语教学的培养目标包括以下几个方面。

1.掌握扎实的外语基本功，能够系统地接受外语听、说、读、写、译等方面的严格训练，培养能够运用外语进行流利且得体交流的能力。

2.注重人文意识的培养，掌握相关人文基础知识，重视中国和外国文化之间的比较，提高学生运用外语进行得体交流的能力。

3.掌握科学技术、经济贸易、人际交往、社会文化等方面的相关知识，以增强复合型人才特色。培养学生对相关科技领域的了解，使之胜任相关领域的业务往来。

4.强化素质培养，培养学生具有较强的获取和运用知识的能力，以及分析问题、独立思考和创新的能力，尤其着重培养学生从事不同文化间交流与合作的能力，分析研究和讨论问题的能力，以及组织处理事务的能力。

二、高等教育外语教学的原则

高等教育外语教学原则是依据大学生外语教育的主要任务及其客观规律，在总结实践经验的基础上形成的实施外语教学必须遵循的重要准则。它是外语教学客观规律的反映，并贯穿外语教学的全过程，是制定教育目标、安排教育内容、选择教育方法和确立教育关系必须遵循的基本要求。正确掌握和科学运用这些基本原则，是科学确定教育内容，选择正确教育方法，提高教育的吸引力、感染力、针对性和实效性，实现大学生外语教学目标的前提与保证。

（一）主体性原则

主体性原则是指在开展外语教学活动时，应充分尊重受教育者的主体地位，注重调动其自我教育的积极性和主动性，以实现外语教学目标的行为准则。一般来讲，在外语教学过程中，教育者是教育主体，受教育者是教育客体。但受教育者并不是被动地接受教育影响，他们在接受教育影响的同时也在不断地进行着自我教育，因而从某种意义上说也是外语教学的主体，在教育过程中发挥着重要作用。外语教学对受教育者的教育影响只有通过他们自身积极主动地接受并内化，才能真正起作用。受教育者的主体能动性是影响外语教学效果的一个极其重要的因素。

坚持主体性原则，首先要充分发挥教育者的主导作用。强调主体性原则，并不是要否定和取消外语教育者的主导作用，相反是要更好地发挥。实践证明，教育者的主导作用发挥得越好，受教育者的主体能动性就越能得到充分调动。充分发挥教育者的主导作用，是贯彻主体性原则的内在要求。为了发挥教育者的主导作用，必须采取多种措施加强对外语教育者的培训，以提高其思想政治水平、科学文化素养和工作能力；同时应提倡并督促外语教育者加强自我学习、自我修养，注意以身作则，率先垂范，从而为其主导作用的发挥奠定牢固基础。

其次，要着力培养受教育者的自我教学能力。著名教育家叶圣陶说过："教是为了不教"，其意是说通过教育使受教育者具有主体意识和自我教学的能力后，他们就可以通过自我教学实现自我发展，从而达到教学目标。而这正是主体性原则的核心内涵。因此，教育者在引导受教育者时，不仅要"授之以鱼"，更要"授之以渔"，即要引发其自我教学的积极性、主动性、自觉性，着力提高他们的自我教学能力。为此，要引导受教育者通过各种形式加强外语的自我教育，科学地设计自我，合理地调节自我，自觉地规范自我。

最后，要注意将每个人的自我教学与集体成员间的互帮互教结合起来。外语教学的主体性原则，既强调每一个受教育者的自我教学，又提倡集体成员之间的相互教学、相互帮助。这是因为自我教学和相互教学是相辅相成、相得益彰的；一个健康集体的自我教学实际上既包括集体成员个体的自我教学，又包括集体成员间的相互教学。外语教育者应善于通过集体力量去教育每一个人，着力提高整个集体的自我教学能力和水平，以此促成每个个体自我教学能力的提高。

（二）层次性原则

层次性原则是指教育者应从实际出发，承认差异，根据教育对象不同的思想情况，区别对待，因材施教，分层次进行教育。层次性原则的基本精神就是既鼓励先进，又照顾多数，将二者有机结合起来。

从外语教学的实践来看，受教育者能力和素养所表现出来的层次性，决定了我们在外语教学中必须坚持层次性原则。只有坚持层次性原则，对受教育者因材施教，使受教育者在达到基本目标的同时，个性、兴趣、爱好、才能也得到和谐发展，才能使各种创造性人才脱颖而出，满足我国社会主义现代化建设事业对人才多方面的要求。

坚持层次性原则，首先要深入实际，加强调查研究，准确了解和把握教育对象的思想特点。只有准确了解和把握教育对象的实际情况，并将其放到一定时间、场合等特定条件下加以考察，才能科学地认识和把握每一个教育对象的思想特点，从而有针对性地对其开展教育教学工作。

其次，要整体规划，统筹安排，根据不同层次教育对象的具体情况确定不同的教育目标和内容，选择不同的教育载体和方法，使不同层次的教育对象都能在原有基础上获得发展。

最后，要创造良好的条件，营造适宜的氛围，满足不同层次教育对象的个性、特长发展的需要。分清层次，区别对待，从根本上讲是为了培养大批创造性人才，使他们在社会主义现代化建设中充分发挥作用。为此，就必须创造生动活泼、民主和谐的教育氛围，使其既能满足受教育者发展的共同要求，又能满足受教育者个体个性发展的特殊需要，从而使教育对象获得自由全面的发展。

（三）开放性原则

开放是相对封闭而言的，开放性原则就是在开放的形势下，利用各种有利的条件、有利的时机，去研究和推动事物的发展。在信息时代的今天，开放性是整个社会的重要特点，国家的发展和各项工作的开展，都必须考虑这个特点。

外语教学的开放性原则，是指在外语教学过程中，必须与外界保持密切的、全方位的联系，要多渠道、多形式、多层次、多方面地获取信息，把握信息，紧跟时代潮流，在一个开放的系统中进行外语教学。

面对开放的世界，应调整充实外语教学的内容，增强其开放性，把我国文化与西方文化结合起来。比如，对西方的价值观念、意识形态以及民主政治制度，我们应该采取科学的态度进行比较与分析，在看到它消极性的同时，也看到它产生的历史必然性以及历史进步性，分离出它的合理"内核"，通过比较发现国外值得学习的方法，充分吸取其中有益的成分，借鉴和开拓外语教学的方法，增强教育方法的开放性。

（四）激励性原则

激励性原则是指外语教育者运用各种激励手段，对教学对象施加外在刺激，以引起他们心理和思想的变化，使其产生教师所期望的学习行为反应，从而实现外语教学目标的行为准则。

激励包括物质激励和精神激励；激励的形式包括正激励和负激励。正激励是指奖励，即对人们良好行为及其后果的积极肯定，以促使人们保持和增强这种行为，从而强化人们的良好动机；负激励是指惩罚，即对人们不良或不正确行为及其后果的一种否定，以促使人们中止并转变不良行为，使其原有的行为动机消退，并警示他人，引导人们朝着社会要求的目标迈进。可见，坚持运用激励性原则对教学对象的行为及其动机进行调节，对做好外语教学工作，帮助教学对象形成良好的外语学习习惯具有重要意义。

在外语教学中坚持激励原则，首先要建立合理的激励机制。合理的激励机制是对受教育者进行有效激励的基础工作，必须大力抓好。外语教学要配合各项管理工作，建立切实可行的激励制度和合理的激励机制。要综合运用多种激励手段，如目标激励、荣誉激励、职位激励、榜样激励、参与激励、关怀激励、物质激励等，从而形成多种激励手段并用、优势互补的外语教学激励体系。其次，激励手段的运用应与外语教学的目的相一致。在外语教学中，运用激励手段是为了通过外部刺激来强化教学对象接受外语教学的积极性和主动性，以实现外语教学的目的。各种激励手段的运用都不能违背外语教学目标，而应有利于调动学生学习外语的积极性，有利于外语教学目标的实现。

（五）真实性原则

言语活动是交际双方理解和建构话语的过程。通过具有一定信息差的言语活动任务，可以唤起学生的好奇心和强烈的求知欲，促使他们更积极地进行话语理解和建构。认知心理学认为，如果输入到大脑的信息具有一定的趣味性、实用性或与日常生活经验结合紧密，那么当它到达大脑这一中心加工时，便会产生兴奋的情感，输出活跃的思想与行为。真实、活泼、生动的学习情境有助于学生快速理解接收到的信息，并能激活思维，激发主动探索、建构传递信息的愿望。在言语活动中进行外语教学我们可以借助意义或语境对语言形成认知和处理，而且可以根据教学需要，反复在不同的语境中凸显某一特定语言形式。设计交际任务和互动活动时要提出高标准的语言要求，激活学习者的语法能力，而不仅仅是词汇能力。

真实的活动意味着将外语学习与实际生活有机结合起来，激发学习者的积极性，促进外语知识的学习。因此，在外语教学中要设计一系列的教学活动，积极创造适宜的学习活动环境，对某一语法点，要不断变化其出现的上下文和实际生活场景。

（六）交际性原则

社会语言学认为，语言的功能是交际。社会语言学家德尔·海姆斯（D.H. Hymes）提出了著名的"交际能力（Communicative Competence）"的概念。他认为，一个人要能够真正地运用语言进行交际，除了必须具备诺姆·乔姆斯基（Avram Noam Chomsky）提出的能造出合乎语法的句子的语言能力之外，还必须具备在什么场合、对谁、用什么方式以及说什么的能力，也就是交际能力。这一理论明确了语言能力和交际能力的关系，即交际能力包括语言能力，语言能力是交际能力的基础，没有一定的语言知识，语言运用就成了无源之水。外语教学的目的是培养学生的交际能力。但事实上，学生往往难以把外语知识的掌握与实际言语的使用相结合，难以从抽象自然走向具体，学与用产生严重脱节。为此，我们要变传统的外语知识体系为外语知识应用体系，把外语的学习看成是积极的使用过程，要力求准确和熟练，多进行言语实践，在实践中巩固，从实践中发现问题、纠正错误，语法知识、语言规则的掌握要与语言点的实际使用紧密结合。

只有使用才能掌握语言。语言是在使用中获得的，不宜将语言的使用和语言的学习完全割裂开来。语言学习者必须得多练，在不同的情境中反复使用。

第二节　高等教育外语教学的方法

外语教学方法是指以外语教育者为主导，外语教育对象参与的外语教育活动，是使外语教育对象具备良好的外语知识和听说能力所施加教育影响的各种方式、程序和手段的总和。

一、讲授法

讲授法是教师通过口头语言向学生系统连贯地传授知识的方法。根据讲授法在每堂课使用的角度不同，其承担的具体教学任务也不同，讲授法又分为：讲述、讲解、讲读、讲演、讲评五种方式。

（一）讲述

讲述就是教师向学生叙述事实材料，或用形象、生动、通俗的词语描述所讲对象。此法多于讲例证、举事实材料和讲社会发展过程时应用。

（二）讲解

讲解是教师对概念、定律、公式、原理等，进行说明、解释、分析、论证等。讲解理论性很强、内容很抽象的教学内容时多用此法。用此法讲课时教学内容要尽量有启发性，否则容易形成向学生注入知识的现象。

讲解法与讲述法既有联系又有区别。就教学内容而言，讲述侧重叙述与描绘教学内容；讲解偏重解释、分析和论证教学内容。就认识顺序而言，讲述侧重从感知到理解；讲解偏重从已知到未知。讲述，主要是叙述；讲解主要是解释，这是二者的主要区别。

（三）讲读

讲读就是把讲和读结合起来进行教学。既可以边读边讲，也可以普遍读，重点讲，扫除读中遇到的疑难问题。

（四）讲演

讲演即教师以演说或报告的形式，用较长的时间来口述较多的教学内容。它的显著特点是阐述问题的知识面比较宽，语言生动、活泼、形象，并注意运用态势语言。

（五）讲评

讲评是指在教学中，教师对某一事物或现象进行客观的评论和评价。

二、谈话法

谈话法，是通过教师与学生之间对话问答的形式来传递知识的教学方法，所以也称"问答法"。采用这种方法，教师要根据学生现有知识水平进行提问。

按课堂中问与答的不同情况，此法又可细分为提问法、设问法、疑问法、留问法等。

（一）提问法

提问法是指在课堂教学进程中的适当时刻，或为了引起学生的注意，或为了明确概念，或为了突出重点，或为了思路，或为了判断听课者的知识水平和听懂与否，教师提出问题，学生给予回答，然后视学生问答的情况，教师再决定下一步讲什么、怎么讲。在这样的问与答之中，完成一堂课的预定任务。

（二）设问法

设问法是指在课堂中，教师把要讲的内容通过预先设计好的一连串具有一定内在联系的问题，按一定的次序，用设问的口气，一个一个地提出来再一个一个地给予回答，直到问题解决，完成一堂课的教学任务。这种方法比较容易突出分析问题和解决问题的思路。提出问题，层层揭示，步步深入，导出结果。

（三）疑问法

疑问法是指教师在讲课中，不用肯定的口气提出问题，设置疑团，以使学生感到确有问题，从而引起学生急于寻求答案的欲望，然后再慢慢分析讲解的方法。这个方法宜在一堂课中某个阶段使用。

（四）留问法

留问法是指教师在讲述某一问题时，故意不把问题的各方面都完全讲透，留一定的问题让学生课外思考，为以后再对这个问题进行深入研究做铺垫。这是一种有启发意义的教学方法。

三、讨论法

讨论法，是教师指导学生以班级或小组形式围绕某一问题各抒己见并进行争论、商讨以弄清问题或提高认识的方法。

这种教学方法的优点是：1.课堂气氛比较活跃，能使学生在愉快、兴奋的讨论中吸取知识；2.由于学生在讨论中会经过独立思考，所以对问题的认识就比较深刻；3.通过讨论，能提高学生自我思想评价的自觉性。

这种方法的缺点是不适于系统知识的获得，对教师和学生要求高，讨论进程不易掌握，如果准备不充分，可能会造成费时、费力、收效甚微的结果。因此，采用这种方法要做好充分的准备。

四、分层教学法

层次性是指教育对象由于年龄、性别、生理、心理的不同，对外语教学的内容、方法和信息的接收能力有差别。分层教学法是指外语教学要从教育对象的特点出发，根据教育对象的不同状况，因材施教，因势利导。

贯彻分层次教学的目的是真正做到鼓励先进、照顾多数，把先进性的要求与广泛性的要求结合起来，而不是消极地适应教育对象的思想水平，从而促使不同层次和不同起点的人都能经过努力达到不同的外语教学目标，都能在各自原有的基础上不断进步。

实施分层教学法，首先在目标上，要根据学生不同的能力状况，分层次要求，把教育的先进性和广泛性加以区别，承认多元价值取向的合理性和可行性。其次，在教育的内容上，要体现由低到高逐步深化的层次顺序，要把握人们需要的共性与个性及可接受的范围，以调动每一个学生的积极性。最后，在方法上，要依据不同学生的需要结构的变化，根据不同学生认知的特点和要求，因时、因地制宜，因人利导。

五、隐性教学法

隐性教学法，是指外语教育工作者隐藏教育目的和主题，按照预定的教育计划和方案，将教育内容渗透到大学生日常工作、学习和生活中，使大学生在不知不觉中受到熏陶的一种教学方法。

（一）隐性教学法的特点

1.教育对象的主体性与接受教育的自主性

隐性教学是一种以教育对象为主体的自主性教育。在对大学生隐性教学活动中，高校外语教育工作者成了服务者，外语教学的内容和要求成了大学生在活动中需要的信息，这就使大学生感到自己不再是被动的教育客体。由于隐性教学的过程完全是大学生自主选择和主动参与的过程，从而较好地满足了其自主与自尊的需要，推动了其学习的积极性。

2.教育过程的非强制性和愉悦性

一方面，隐性教学是高校外语教育工作者通过设置一定的教学环境，以社会、学校、家庭生活的各种因素为学习内容，在自然、愉悦的氛围中通过自己的直观思维和情感体验来使大学生接受教学内容；另一方面，由于隐性教学的目的和内容隐藏于各种活动中，高校外语教育工作者没有给大学生以任何明确的、直接的外部强加意图，使大学生完全处于一种自愿、自主地选择和参与教育活动的自发状态。因此，隐性教学是轻松愉快的，是为大学生所乐于接受的。

3.教育目的和内容的隐蔽性与暗示性

在隐性教学过程中，教育者、教学内容、教学目标等都不是直接显露而是隐藏的，即将教学目的和教学内容等隐藏在教育对象的日常工作、学习、生活中，通过激发大学生的兴趣，使其在不知不觉、潜移默化中接受教学内容，从而达到教学目标。

4.教学效果的独特性与持久性

隐性教学是通过大学生自身的同化和接受起作用的，在这里，大学生的顿悟和内化发挥着极为重要的作用。因此，隐性教学具有独特的、其他教学方式无法代替的教学效果。同时，由于隐性教学需要较长的时间和经历较长的过程，大学生是在不知不觉中接受教育的。因而，隐性教学的效果常常要稳固得多，且更具有持久性。

（二）隐性教学的主要方式

隐性教学的方式是隐性教学法在不同范围、不同条件下运用的基本形式，主要方式有以下两种。

1.与宏观环境因素相结合的隐性教学方式

宏观环境包括社会经济条件、社会制度、社会文化等，会间接影响人的思想和行为。宏观环境隐含着丰富的隐性教学资源。与宏观环境因素相结合进行隐性外语教学的具体方法如下：将外语教学与物质环境建设相结合，形成环境育人的良好局面；将外语教学渗透到社会精神文化的建设和文化活动之中，使良好的文化环境成为实施隐性教学的重要途径。

2.与微观环境相结合的隐性教学方式

微观环境主要是指人们工作、学习和生活的社会小环境，特别是以各种社会组织层面为主的环境因素，这种小环境的氛围会直接影响人的思想意识和行为选择。利用微观环境对大学生进行隐性教学的主要方法有：一是将外语教学与大学生经常的、主要的实践活动相联系，根据不同组织的性质和特点，以相应的学习内容为载体，将外语教学内容融入他们学习的全过程。二是将外语教学与学生的校园活动相融合，将外语教学与校园文化建设相结合，对大学生进行组织文化熏陶。

（三）运用隐性教学方法的基本要求

1.要坚持隐性教学与显性教学的有机结合

在外语教学实施方法体系中，隐性教学方法与显性教学方法是相互依存的两个方面，显性教学是隐性教学的重要依托，隐性教学是显性教学的必要补充。隐性教学的教育效果好且持久，其作用是显性教学无法替代的，但其局限性也是很明显的。由于隐性教学目的的隐蔽性，不能对教学过程进行直接的指导与调控，因而难以形成大规模的重点突出、目标明确、内容系统的外语教学局面，难以完成系统的理论教学任务。因此，它只有和显性教学实现有机结合，才能使外语教学的效果更加理想。

2.对隐性教学过程进行精心组织、策划和引导

隐性教学对于教育对象来说是隐性的，但对教育者来说应该是自觉的、显性的。要使外语教学的内容很好地渗透到教育对象的学习、工作和生活之中，并做到不露声色地使教育对象接受熏陶，就需要对隐性教学的过程进行精心组织、策划和引导。在实施隐性教学时，教育情境的设置是否合理，教育内容的渗透是否科学，能否为教育对象所接受，都会影响教学的效果，需要教育者下苦功夫去钻研。同时，由于隐性教学的隐蔽性，教育者对教育对象的引导和控制就显得更加困难，不可能像显性教学那样亮明自己的意图，指出教育对象的错误，但又不能任其发展，这就需要教育者时刻关注事态的发展趋势，及时把握教育对象的内心活动，取得教育对象的充分信任，寻找机会对教育对象进行引导。只有如此，才能充分发挥隐性教学的良好效果。

3.要注意精心选择隐性教学的载体

由于隐性教学的目标、内容必须具有隐蔽性，因此与显性教学相比，隐性教学需要一定的载体或中介。教学载体是教育者按教育目的设定的、蕴含着教育意义的事物或氛围。在对大学生进行外语教学的过程中，能否充分发挥隐性教学的作用，教育载体的选择和设置是关键。教育者在选择隐性教学载体时必须考虑：其一，所选择的载体必须具有较强的教育意义。只有能被教育者按教育目的加以设定的、有着丰富教育意义的事物和氛围，才能成为隐性外语教学的载体。其二，在选择和设置教学载体的时候，要充分考虑教学对象的年龄、性别和性格等差异，要根据这些因素精心选择载体、构筑环境、创造氛围，以提高隐性教学的实效。

4.注意隐性教学过程的长期性

由于隐性教学的目标、内容和过程的隐蔽性，教学手段的非强制性，使得它只能以诱导、感染、熏陶等方式产生影响，这就难以获得立竿见影的效果，而需要经历长期的教学过程。从隐性教学的实践看，教育对象接受隐性教学的时间与教学的效果是成正比的，受教育时间越长，教育效果越好。这就需要教育者有足够的耐心和恒心，不能急于求成，否则就会欲速则不达。只有长期坚持、持之以恒，才能使隐性外语教学收到预期的效果。

第三节　高等教育外语教学的评价

外语教学评价，就是在一定教育思想指导下，根据外语教学目标及其标准，利用科学的、可行的方法和技术，对外语教学活动及其效果给予价值上的判断和评价。

一、外语教学评价的类型

（一）依据教学活动中的作用进行分类

依据教学评价在教学活动中的具体作用，教学评价可以包括三种不同的类型，即诊断性评价、形成性评价和终结性评价。

1.诊断性评价

诊断性评价，是为辨别和寻找造成学生遇到学习障碍的主要原因和了解学生在认知、情意和能力方面的水平、情况而进行的评价。它的目的是促进学生学习进步，帮助学生排除学习障碍并制订出有效的教学方案。另外，也是为了掌握学生学前水平，其结果可供制订教学计划参考之用。教师通过诊断性评价，了解到造成学生学习困难和在学习中出现问题的原因，就可以对症下药，有针对性地调整教学方案。诊断性评价，为有的放矢地进行教学提供了有力的根据，教师进行的教学摸底测验就属这类教学评价。

2.形成性评价

形成性评价是在教学和学习过程中使用的系统性评价，用于学习过程中的及时反馈，它是在学习形成阶段进行的掌握学习情况的一种措施。形成性评价是通过了解教学过程与分析教学单元存在的问题，为正在进行的教学活动提供反馈信息，以提高正在进行的教学活动质量的评价。它的目的不是对学生分等级或评价成绩，而是为了改进教学，帮助学生提高学习成绩和提高教师教学质量，如随堂进行的教学反馈评价、一个教学单元完成后的考核等都属这类教学评价。

3.终结性评价

终结性评价是为了给学生学习做一个结论。目的是给学生评定成绩和评定教学情况，它的直接目的是作出教学效果的判断，从而区别出优劣，分别出等级。终结评价一般是在教学结束后进行的，它的评价功能是甄别学生学习等级和鉴定学生达到教学目标的情况，如期末考试、年终考试都属于这类教学评价。

（二）依据教学评价标准进行分类

依据教学评价标准进行教学评价分类，可以把教学评价分为相对性评价和决定性评价及个体内差异评价。

1.相对性评价

相对性评价是一种相对标准的评价，它是以评价对象群体的整体水平为参照系数，由评价对象的集体情况来确定评价标准的。然后利用这个标准，通过评价过程来评定每个评价对象在整体中的相对位置。它是在一定背景条件下的相对比较评价。某个评价对象的评价位次是相对这个评价集合体中的位次，而不是在任何评价人群中的位次。同一个参评成员，在不同的评价群体中名次和分数会有所不同。因为学生的名次是相对于这个评价群体的，反映的是某个学生在其所在集体中的相对水平。这种教学评价形式，往往被利用于选拔人员和通过排名了解一定范围内学生的学习差异情况。

2.决定性评价

决定性评价，是在评价对象群体之外，以一定客观的、标准化的目标为评价标准的教学评价形式。这种教学评价形式，是一种标准目标参照评价，不受评价对象群体状况和水平的影响，评价结果的名次只与评价对象自身的水平有关，而与其所处的群体无关，是绝对性评价。用这种教学评价方式评价出来的学生学习结果，不受其他学生学习情况的制约。

3.个体内差异评价

个体内差异评价，是以个体的自身状况作为参照系数，把每个评价对象个体的过去与现在进行比较，或者把学生个人的某些侧面相互进行比较的教学评价方式。运用这种评价方式，一方面可以把评价对象的过去与现在进行比较，以判定其学习的进步或退步；另一方面可以把评价对象的某几个方面进行比较，考察其长处、潜力和不足。另外，提供这种教学评价方式可以动态地考查学生的发展变化情况。这种教学评价方式只具有学生个人的目的性，而不具有学生间的互比性，这就有利于发挥学生的特长。

二、外语教学评价的几个重要指标

（一）教育者评价指标

对教育者的评价主要是对教育者各种能力素质和教育效果的评价，主要考查他们履行岗位职责的情况以及创造性地实施外语教学的情况，看其在日常授课中能否切实改革教学内容，改进教学方法，改善教学手段，联系大学生的生活实际，把传授知识与外语运用结合起来，把系统教学与专题教育结合起来，把理论武装与实践育人结合起来。

（二）教学过程评价指标

对外语教学过程的评估，主要围绕外语教学的实施开展情况做以下几方面的评价：一是对高校外语教学的计划方案进行考查。对规划、计划制订的科学性和可行性作出评估。二是对教学内容的评估。同时，要把学生开展的社会实践活动、校园文化活动、校园网建设和校园网在进行外语教学中发挥的作用纳入考查范围。三是对实施过程的评估。主要考察实施过程中工作进程与受教育者外语掌握情况的发展变化是否吻合，各个环节所采取的教育方案是否具有科学性和延续性；时间运筹、空间布局、人力投放是否合理等。四是对工作方法的评估。主要考察工作方法是否达到了预期的教学效果，在工作过程中是否坚持了以人为本，贴近实际的教育理念，所采取的方式方法是否被教育者接受等。

（三）教学环境评价指标

对教育环境的评价要分学校环境和社会环境两个方面来进行。学校环境主要指学校高度重视外语教学活动所采取的一系列组织、管理、监督等方面的措施，通过组织开展各项活动推进外语教学。在考查社会环境时，主要考查学校周边的小环境，包括物质、人文环境，看其与学校外语教学的互相作用。

（四）教学效果评价指标

教学效果评价即对学生掌握外语、使用外语的最终情况进行评价，看其是否能熟练运用到生活中去。

三、外语教学评价指标体系的构建

（一）指标体系拟定

1.选择评估指标

指标体系是由众多的指标构成的，设计和构建指标体系首先必须选择合适的评估指标。选择评估指标的方法有分解法和归纳法。所谓分解法，即根据评估的目的先确定评估的范围和内容，再把这些内容按其属性划分为若干项目，然后将项目继续分解到直接加以考察和测量的具体指标，这样就建立起了一个完整的指标系统。归纳法则是将评估对象所具有的能够反映评估目的和能够说明自身状况的特征指标——列举出来，然后按其性质归类汇总成不同的指标和项目，形成一个能够体现评估要求的多层次指标体系。

2.确定权重和权集

根据指标的重要程度分别确立权重系数，让各指标之间的主次差别显示出来，使评估者了解操作的重点，使评估对象明确发展的努力方向。指标体系由一系列指标所构成，每一个指标都有相应的位置，既表明自身的重要价值，又表明与其他指标的相互关系。权集就是确立各个指标的价值和相互关系的集中表现。不同的评估主体，由于价值标准的不同，对各项指标于整个指标中的地位及各项指标的相对重要性程度的认识也不同，就是说权重系数是评估主体的价值观念与价值标准的反映。

　　3.设计指标的等级

　　指标等级是对评估对象进行评估的衡量尺度，用以检验评估对象对指标要求的符合程度。评估指标等级的设计，不是随意划分的，而是根据外语教学目标的要求和评估对象的实际以外语教学系统的内在联系而确定的不同等级的判别，可分为奇数制和偶数制两种，奇数制常用的是五级等级制，即"优、良、中、及格、不及格"，偶数制如"优、良、中、差"等，评估指标等级的设计应文字简练，等级明确，便于操作。

（二）指标体系的论证与测试

　　指标体系初步确定后，要对其进行广泛的论证，一方面要听取专家和群众的论证意见；另一方面还要进行信度和效度测试，以使指标体系更加完善，更加具有科学性。

　　信度，是衡量标准体系可靠性的指标。对信度的测试，即可以在指标体系中任选一组指标以不同的方式对同一受测群体对象进行多次测试。如果测试结果一致或误差很小，则证明信度是高的，也就是指标的可靠性较大；相反，如果测试的结果与实际情况大相径庭，则测试的信度和指标的信度就是不高的。为此，测试者应分析信度不高、产生误差的原因，对测试过程加以分析或对测试指标效度加以修改和调整。

　　效度，是衡量指标体系有效性的指标，是检验指标体系是否有效、实用的主要途径。通过测试，发现收集的信息资料是否足以说明受测对象的思想属性，测试的结论是否符合期望目标，测试指标是否测到所要测的内容等，这些内容都是由指标的有效性决定的。

　　信度和效度的测试是检验指标体系是否准确和是否符合实际的必经阶段，两者都是对指标体系进行测试不可缺少的重要环节。

（三）指标体系的试行与修订

　　经过论证和测试的评估指标体系，首先要选择有代表性的实验点进行试行，对其加以检验。试行结束后，要做进一步的分析和修订，修订内容包括对其完整性的检验，补充遗漏。其次还要分析指标与指标之间是否重叠、交叉，是否存在因果关系，进行指标的重新组合。再次分析权重与等级的确定是否合理，能否反映指标的实际内容和重要程度。最后分析指标分解是否符合实际的可能和需要，对操作烦琐的评估指标予以修改。

第二章　俄语教学概述

众所周知，俄语是联合国 6 种工作语言之一。据不完全统计，目前，全世界有六分之一的图书有俄文版，有一百多个国家开设了俄语课程，有超过 3.5 亿人不同程度地掌握俄语。中俄作为友好邻邦，近些年在政治、经济与文化层面上的交流日益加强，因此俄语成为很多人学习外语时的选择。而俄语学习的主要场所是学校，这给高校俄语教学无形中带来了诸多压力。本章在揭示俄语教学现状的基础上，分析了俄语教学理论基础，总结了俄语教学常用的教学方法。

第一节　俄语教学现状

一、当前俄语教学现状分析

俄语教学虽然已取得了一些令人瞩目的成绩，但毋庸讳言，其发展始终伴随着严峻的问题与挑战，这些羁绊严重地阻碍中国俄语教学向更高、更好的方向发展。主要体现在以下几个方面：

（一）俄语人才极度匮乏，不能满足社会需求

众所周知，外语人才的培养不能一蹴而就，俄语也是一样。因此，俄语人才的培养不能完全受政治气候和世界局势的影响，教育部门应对俄语教学和俄语人才的培养作出

中长期规划和布局。

　　遗憾的是，改革开放后，随着我国与世界其他国家的往来愈加频繁，俄语教学的地位每况愈下，俄语教学越发得不到教育部门应有的重视。首先，招生受到限制。目前除一些外语院校、系尚招收少量俄语生外，大多数理工科院校的专业都限制俄语考生报考，这直接挫伤了学生学习俄语的积极性。另外，目前还有一种现象令人担忧，即俄语人才的培养陷入误区，知识结构不合理，不能满足社会需求。具体表现在：俄语专业生几乎不懂其他专业知识，而具备专业知识的毕业生又不懂俄语，导致懂俄语的高级专业人才极度匮乏。

　　如果俄语教学长期处于此种状况，我国的俄语人才培养将只是纸上谈兵，而俄语人才的缺失将直接影响中俄两国友好关系长期健康的发展。因此，俄语教学和俄语人才培养的问题非同小可、亟待解决，教育部门应予以充分的关注和重视。

（二）大学俄语教学生源面临断档危机

　　据统计，开设俄语课程的高校主要集中在东北地区、华北地区的内蒙古和北京、西北地区的陕西以及华中、华东地区的个别学校。由于苏联解体，世界范围的俄语学习陷入低谷，中国的大学俄语教学也难免受到冲击，许多曾经开设俄语课的中学纷纷取消俄语课程，导致参加高考的俄语考生数量锐减。这也使北京几所把俄语作为第一外语的高校生源极度匮乏。大学俄语教学几乎成为无源之水、无本之木。这一趋势引起全国大学俄语教师的巨大担忧，因为若干年后中国大学俄语教学有可能面临断绝生源的危机。

　　究其原因，是我国目前中学俄语教学的现状不容乐观，大部分地区出现严重滑坡，全国大部分省、市的中学陆续停开俄语课。目前，我国中学俄语教学主要集中在黑龙江、辽宁、吉林、内蒙古、河北、山东、湖北等省和自治区，但近年来，在这些具有俄语教学传统的地区，俄语教学也面临着严峻的挑战。黑龙江省是全国开设俄语课现状最好的省份，但中学俄语教学也在严重萎缩，而且市级中学几乎未开设俄语课，俄语教学主要集中在县级中学及农村中学。若没有相应的扶持俄语教学的积极政策，这些地区高中俄语教学将愈加困难。中学俄语教学的现状已成为影响和限制大学俄语教学发展的一个主要方面，它直接关系到大学俄语教学的生死存亡。

（三）学生学习俄语的积极性和主动性不高

学生学习俄语的积极性和主动性不高，包含多方面的原因。

1.在全民学习英语的大背景下，社会上流行的"俄语无用论"给学习俄语的学生造成很大的负面影响，致使学生产生被边缘化的自卑感，认为俄语是"小"语种，学习俄语无前途。

2.中学和大学俄语教材之间的差异较大，缺乏文化的导入，造成学生不了解俄罗斯语言文化背景知识，俄语学习普遍遇到瓶颈。许多学生是从高中才开始学习俄语，基础较差，词汇量小。另外，学习俄语的语言环境较差，表现为课外阅读和有声资料少、教学参考和辅导资料匮乏、缺乏视听场所、缺少外籍教师等。

3.学习俄语比学习英语所获得的机会少。例如，尽管当前俄语与英语的考试机会均等，都有四、六级完整的测试体系，且每年实施两次考试，取得四、六级考试合格证书对学生日后就业很有帮助，但是大部分用人单位特别重视英语四、六级考试合格证书，而对俄语四、六级考试合格证书不太关注，显然，面对同样的面试机会，学习俄语的学生会有自卑心理。

（四）大学俄语教师队伍的稳定性不容乐观

1.转岗或下岗的危机

大学俄语教师首先面临的是生存危机。一方面，由于俄语学生数量严重不足，多数高校的大学俄语教师编制数量很少，俄语教师基本上都是"单兵作战"。与此同时，若出现俄语生源断档，大学俄语教师只能改行转岗或下岗待业。例如，北京地区几所院校的俄语教师有的已改教英语、汉语，有的已应聘从事其他教辅工作等。总之，俄语教师流失现象严重。

2.知识更新的压力

俄语教师的另一个压力是知识亟待更新和拓宽。俄语学生虽少，但俄语教师的工作量并不轻松。广大俄语教师既要"单兵作战"，又必须"一专多能"，即一个教师同时担任各种层次、各种类型的俄语课程教学，但大多数俄语教师由于平时忙于教学，在业务上缺乏必要的交流，在很大程度上影响和限制其业务水平的提高。此外，由于学生人数少，各方面的教学条件也得不到应有的保证，许多俄语教师处于"欲教不能，欲罢不忍"的两难境地。不少高校俄语教研室因资金匮乏,俄语教师没有机会到国外进修提高,他们缺乏对俄罗斯语言、文化、艺术的亲身体验和感受,其知识结构日趋老化,不能给学生提供足够的关于当代俄罗斯的信息,这也在一定程度上影响了俄语教学质量。

3.教学设备及资料短缺

许多高校在俄语教学设备及各类俄语图书、音像资料方面的资金投入不够,没有能力订购俄文报纸和杂志,以及最新的俄语语言学和文学等方面的书籍及音像资料。俄语教学和研究方面的报纸、杂志几乎没有,图书、音像资料也很匮乏,各类资料大部分是几年、十几年前的,甚至是 20 世纪五六十年代的,缺乏反映俄罗斯文化、国情等方面知识的、贴近俄罗斯现代生活气息的新资料、新素材。同时,教师不能及时了解最新的俄语语言变化和教学方法。目前市场上的俄语图书极其匮乏,而且多是应试类的资料,缺乏提高语言运用能力、扩大语言国情知识的图书,不利于提高学生学习俄语的兴趣和了解俄罗斯的当代社会发展状况。

总之,由于俄语学生数量少,学校对俄语教学的经费很少,因此无力更新设备,也没有足够的资金购买优质的俄语教学软件和系统,这严重制约了俄语教学的发展。

4.掌握现代教育技术的压力

基于计算机和网络技术的多媒体教学等运用现代化教育技术手段的教学方式是当今外语教学的趋势和潮流,但同时也对俄语教师提出了更高的要求。由于计算机的程序基本上是用英语来编写,对于广大俄语教师而言掌握起来并不容易。他们要比英语教师付出更多的艰辛和努力才有可能熟练地掌握计算机、网络技术、多媒体教学手段等。但俄语教师必须挑战自我,超越自我,克服学习新技术、新手段中所遇到的重重困难,尽快适应新的教学手段和模式,否则将面临被高速发展的时代淘汰的危险。

（五）俄语教材仍不能满足教学的需要

语言是一种社会现象,社会的发展变化必然在语言上反映出来,今天的俄语比之几年、十几年前的俄语,已经发生很大的变化,涌现出大量的新词、新义、新表达方式。如果教材知识结构仍旧单一,内容陈旧老化,则必然导致学生知识结构的单一,影响其语言交际能力的培养和形成。虽然通过近些年的不断努力,俄语作为第一外语的教材建设取得了令人可喜的成绩,但不容忽视的是,俄语二外教材及研究生俄语一外的教材尚比较缺乏,现有教材不能完全满足当今教学的需要。各个学校基本上是各自为战,这影响了教学质量和对学生能力的培养。

二、解决俄语教学问题的方案与策略

（一）扶持俄语教学，制定优惠政策

从中俄两国的长远政治、经济利益和战略目标考虑，中俄两国的合作与交往将不断扩大和深化，对俄语人才的需求也必将成倍增加。因此，保护和扶持俄语教学的正常进行和可持续发展是一项利国利民的大事，各级有关部门有责任制定一些特殊的优惠政策，以保证俄语教学的健康发展。

各级有关部门不仅要强调学习俄语的重要性和紧迫性，更应有效地向学生展示学习俄语的美好前景，加强学习俄语的重要性的宣传力度，以吸引更多的学生热爱俄语和俄罗斯文化，立志做中俄两国交往的友谊大使，为中俄关系的发展作出自己的贡献。

应就俄语学生在高考、考研、就业等方面制定一些特殊的优惠政策。例如，取消高考和考研中对俄语语种的限制，并适当降低高考，大学俄语四级、六级及考研俄语试题的难度；对优秀的俄语专业人才优先录取或推荐读研；加大同俄罗斯各高校间的学生交流，保送优秀俄语学生直接去俄罗斯深造学习，加大公派留学生的数额，优先推荐优秀俄语人才到俄罗斯学习其强项专业和技术；在俄语生源集中的地区，如东北、内蒙古和北京等应保证配备俄语外教；建立中俄人才交流中心，为中俄技术交流服务，通过各种媒体发布国内外俄语人才招聘信息等，从而吸引更多的学生了解俄语和俄罗斯文化。

（二）扶持中学俄语教学，保障大学俄语生源

在外语教学中，俄语教学是不可替代的。随着俄罗斯的崛起，俄语的使用范围将会越来越广。因此，国家应在宏观上制定长期发展规划，按计划、按比例在重点省份和地区的中学开设俄语课程，以保障大学俄语教学生源。

应重点扶持中学俄语教学，保证大学俄语教学，做好中学与大学俄语教学的有效衔接。大学，尤其是重点大学应确保开设俄语课程。外语教学的组织和安排不能完全搞"市场经济"，而应保留一定的"计划经济"。如果完全按照市场经济来运作，那么作为"小

语种"的俄语势必遭遇进一步的尴尬境地。

在中学，尤其是黑龙江、吉林、辽宁、内蒙古和北京等的重点中学应按计划、按比例确保开设俄语课程。同时，适当调整俄语课程的授课时间，尽量安排在日间教学等。此项工作关系到中国大学俄语教学的生死存亡，必须尽快落实。为避免将来的不良后果，需要政府给予政策性的大力扶持。

（三）保障俄语教学的可持续性发展

学校各级领导应转变观念，本着对国家和社会发展负责、对俄语教师和学生的未来负责的态度，摆正俄语教学在学校各学科教学中的位置，加大投入力度，完善语言教学设施，引进全新的、多样化的教材和其他教学资料，重视学生基本素质的培养和训练，尽可能选择一些与日常生活密切相关、具有时代气息的教学内容，为教学提供最有力的保障。学校要创造一种良好的氛围，在机会和条件上将俄语与其他语种一视同仁，使俄语学生的心理能够健康发展。与此同时，应紧紧围绕培养目标，根据课程的性质和特点改革、完善考试制度，使其发挥正确的导向作用，避免盲目性、随意性和应试教学造成的偏颇。

俄语教学不应该被一时的形势所左右，而应该着眼于未来。俄语教学在中国绝对不是可有可无的事情，为中俄两国的共同发展培养更多优秀的俄语人才是俄语教学的光荣使命。

（四）采取多种手段，提高学生的语言运用能力

如何提高学生的语言运用能力？这是当前我国外语教学面临的普遍问题，也是外语教学面临的重大挑战，需要社会各方面的努力和探索。

笔者认为，应帮助学生克服情感因素的影响，包括学习动机、兴趣、能力和信心等；应改变教学方法，创建轻松愉快的教学氛围，变传授理论知识教学为实践技能教学，从单纯的知识传授的教学转变为培养学生获取知识、运用知识和创造知识的能力的教学方式。教师在授课过程中，要积极介绍文化背景、社会习俗等国情知识，重视语言运用是否恰当，使学生逐步获得社会语言学方面的知识。

具体手段有：编写新的教材，增加话题类型，并注重实用性，力求与时代同步，内

容生活化、口语化；重视口语训练，多开口语实践课，改变以往的"哑巴"俄语现象；充分利用现代化设备，如多媒体、计算机和网络等新的教学手段，通过丰富的图形、图像、视频、音乐等形式表现教学内容，调动学生的积极性和主动性，把俄语学习延伸到课外。另外，根据俄语难度大的特点，适当增加课时。

（五）重视培养师资力量，稳定教师队伍

众所周知，优质的教学质量离不开优质的教师队伍。因此，从俄语教学长远发展考虑，当务之急是尽快制定师资培养的一系列优惠政策，在教师职称晋升和待遇等方面给予一定的倾斜政策，以确保俄语教师队伍后继有人。应重视师资力量的培养，为中学和大学俄语教师提供进修深造的机会，提升其自身素质，培养教师们的自信心，增强其责任感和使命感。

为进一步提高教学质量，俄语教师必须更新知识，拓宽知识面，不断完善和提升自己，积极尝试和运用新的教学手段和模式，充分利用多媒体和网络技术，积极开展计算机辅助俄语教学，大力开发多媒体俄语学习课件，完善并改进传统的以教师讲授为主的单一课堂教学模式，以现代信息技术，特别是网络技术为支撑，使俄语教学不受时间和地点的限制，朝着个性化、自主式学习方向发展，将学生的俄语学习从课堂内延伸到课堂外，为学生提供良好的语言学习环境与条件。

（六）集中人力、财力加强教材体系建设

教材是教师实现教学计划并达到教学目标的重要载体，因此十分有必要在相关部门和领导的支持下，对俄语教材、图书、音像资料等出版物进行扶持，集中人力、物力、财力编写新的教材，在内容、形式、题材、趣味性等方面进行完善和提高。特别是应根据二外俄语学生英语基础较好的特点，借鉴外国一些语言对比的经验，组织专家和学者编写一套适合我国学生学习语言特点的俄英对比的二外俄语教材，使教师在教学中进行适当的俄英对比，以简化讲解，加深学生的理解和记忆，提高教学效果。

（七）加强两国在教育和人文领域的合作

最近几年，中俄之间全面开展教育领域的交流，两国高等院校的互派研究生、进修生、学者、教师的数量有所增加。并且，中俄双方一致认为，要进一步提高外国留学生教育的质量，并互相扩大对方国家留学生的专业清单，进一步增加互派留学生的数量。

俄罗斯在航空航天、石油、仪器仪表以及重工业的机床车床、医学和艺术等领域都处于世界领先地位，学生不论学商科还是工科，医学还是艺术，都是不错的选择。近几年，中国政府先后开展"俄罗斯年""俄语年""俄罗斯旅游年""中俄青年交流友谊年""中俄媒体交流年"等活动，大力倡导到俄语国家留学交流，鼓励培养更多的俄语人才，旨在为中俄两国今后深度合作交流做好人才储备。

笔者认为，虽然近些年赴俄学习的人数有所增加，但距离中俄两国交往实际对高级俄语人才的需求仍有较大差距。应在两国政府的积极运作下，更积极地开展青年交流，举办更多的文化、体育和娱乐领域的大型活动，为两国青年开展融合科研、技术和文化的项目创造新的机会，为中俄两国的交往培养出更多的高级俄语人才。

第二节　俄语教学理论基础

一、建构主义理论

虽然不同的建构主义理论在具体观点上有很大的差异，但是它们在有关知识、学生、学习和教学等基本问题上还是存在一些共识的。下面我们就来探讨建构主义学习理论中形成的共识与基本观点。

（一）建构主义知识观

建构主义者在一定程度上质疑知识的客观性和确定性，强调知识的动态性，这主要体现在以下三个方面：

1.知识不是对现实的纯粹客观的反映，任何一种传承知识的符号系统也不是绝对真实的表征。它只不过是人们对客观世界的一种解释、假设，它不是问题的最终答案，必将随着人们认识程度的深入而不断地变革、升华和发展，出现新的解释和假设。

2.知识并不能精确地概括世界的法则，不能拿来便用，一用就灵，而是需要针对具体情境进行再创造。

3.知识不可能以实体的形式存在于具体、个体之外，尽管我们通过语言符号赋予了知识一定的外在形式，甚至这些命题还得到了较普遍的认可，但这并不意味着学习者会对这些命题有同样的理解。因为这些理解只能由个体基于自己的经验背景而建构起来，取决于特定情境下的学习历程。

建构主义的这种知识观虽然过于激进，但它向传统的教学和课程理论提出了挑战，值得我们深思。按照这种观点，课本知识只是一种关于各种现象的较为可靠的假设，而不是解释现实的"模板"。不能把知识作为预先决定的东西教给学生，不要用我们对知识正确性的强调作为让个体接受它的理由，不能用科学家、教师、课本的权威来压服学生。学生的学习不仅是对新知识的理解，还是对新知识的分析、检验和批判。

（二）建构主义学生观

建构主义强调，学习者在日常生活和以往各种形式的学习中已经形成了有关的知识经验，当问题呈现在他们面前时，他们还是会基于以往的经验，依靠他们的认知能力，形成对问题的解释，提出他们的假设。

教学不能无视学习者的已有知识经验，简单强硬地从外部对学习者实施知识的"填灌"，而是应当把学习者原有的知识经验作为新知识的生长点，引导学习者从原有的知识经验中生长新的知识经验。

教师与学生、学生与学生之间需要针对某些共同问题进行探索，并在探索的过程中相互交流和质疑，了解彼此的想法。

（三）建构主义学习观

建构主义者完全否定心灵白板说，强调学生经验世界的丰富性和差异性。建构主义者强调，学生并不是空着脑袋走进教室的。在日常生活中，在以往的学习中，他们已经形成了丰富的经验。为此，教师不能无视学生的先前经验，另起炉灶，从外部装进新知识，而是要把学生现有的知识经验作为新知识的生长点，引导学生从原有的知识经验中"生长"出新的知识经验。

1.主动建构性

学习不是由教师把知识简单地传递给学生，而是由学生自己建构知识的过程。学生不是简单、被动地接收信息，而是主动地建构知识的意义，这种建构是无法由他人来代替的。学习是个体建构自己的知识的过程，这就意味着学习是主动的，学生不是被动的刺激接受者，要对外部信息进行主动地选择和加工。每个学习者都以自己原有的经验系统为基础对新的信息进行编码，建构自己的理解，而且原有知识又因为新经验的进入而发生调整和改变，所以学习并不单是信息的积累，它同时包含由于新旧经验的冲突而引发的观念转变和结构重组。学习过程并不单是信息的输入、存储和提取，而是新旧经验之间双向的相互作用的过程。因此，学习不是被动接收信息刺激，而是主动地建构意义，是根据自己的经验背景，对外部信息主动地进行选择、加工和处理，从而提升自己。

2.社会互动性

传统的观点把学习看作是每个学生单独在头脑中进行的活动，往往忽视学习活动的社会情境，或者将它仅仅看作一种背景，而非实际学习过程的一部分。建构主义者强调，学习是通过某种社会文化的参与而内化相关的知识和技能，掌握有关的工具的过程，这一过程常常要通过一个学习共同体的合作互助来完成。

3.同化和顺应

同化和顺应是学习者认知结构发生变化的两种途径或方式。同化是认知结构的量变，而顺应则是认知结构的质变。同化—顺应—同化—顺应，循环往复；平衡—不平衡—平衡—不平衡，相互交替。人的认知水平的发展，就是这样一个过程。学习过程不仅是新旧知识经验之间双向的相互作用的过程，也是学习者与学习环境之间互动的过程。

4.情境性

传统的教学观念对学习基本持"去情境"的观点，认为概括化的知识是学习的核心内容，这些知识可以从具体情境中抽象出来，让学生脱离具体物理情境和社会实践情境进行学习，而所习得的概括化知识可以自然地迁移到各种具体情境中。但是，情境总是具体的、千变万化的，抽象概念和规则的学习无法灵活适应具体情境的变化，因而学生常常难以灵活应用在学校中获得的知识来解决现实世界的真实问题，难以有效地参与社会实践活动。据此，建构主义提出了情境认知的观点。

总而言之，建构主义者认为，学习是学习者主动建构内部心理表征的过程，学习者并不是把知识从外界搬到记忆中，而是以已有的经验为基础，通过与外界的相互作用来建构新的理解。建构一方面是对新信息的意义建构，另一方面又包含对原有经验的改造和重组。

（四）建构主义教学观

由于知识的动态性和相对性以及学习的建构过程，教学不再是传递客观而确定的现成知识，而是激活学生原有的相关知识经验，促进知识经验的"生长"，促进学生的知识建构活动，以实现知识经验的重新组织、转换和改造。所以，在教学中，要为学生提供一个真实的有案例基础的学习环境。

建构主义认为，意义学习是以经历情景的形式为标志的，因而案例形式教学要比抽象的规则教学好得多。在规则教学体系中，知识被看成是简单的、固定不变的，而现实生活中，这种固定不变的知识只是一种假设，它使我们脱离了实际生活。建构主义理论强调创设有利于学生对所学内容的深入理解，使学生产生身临其境的逼真效果的情境。因而，课堂教学要为学生创造条件，以便他们经常有机会表现和检验自己的知识和能力，有利于学生产生内在的学习动力。课堂教学还应考虑到学生用外语进行交际的需求，因为这正是他们学习外语的目的。这就要求课堂教学要尽可能地接近真实场景，尤其是场景的内容要尽可能地体现大学生的智力因素和成长需要，同时也要有时代特征。如能最大限度地做到这一点，就能最大限度地激发学生学习的积极性和主动性，在深度和广度上提高他们听、说、读、写、译的能力。

建构主义理论强调以学生为中心，要求学生由外部刺激的被动接受者和知识的灌输对象转变为信息加工的主体、知识意义的主动建构者。为此，建构主义理念下的教学活动要求教师由知识的传授者、灌输者转变为学生主动建构意义的帮助者、促进者。在建构主义学习环境下，教师和学生的地位与作用和传统教学相比发生了很大变化。建构主义理念下的教学原则可以概括为以下几方面的内容：

1.把所有的学习任务都置于能够更有效地适应世界的学习中。

2.教学目标应该与学生的学习环境中的目标相符合，教师确定的问题应该使学生感到那就是他们本人的问题。

3.精心设计支持和激发学生学习的情境和学习环境，使学生在学习结束后能解决相似的环境下出现的问题。

4.给予学生解决问题的自主权，教师的作用是激发学生的思维，培养他们独立解决问题的能力。

5.设计真实的任务。真实的活动是学习环境的重要特征，就是应该在课堂教学中使用真实的任务和日常的活动，或实践整合多重的内容或技能，设计能够反映学生在学习结束后就从事有效行动的复杂环境。

6.支持学生对学习内容与学习过程进行反思，培养他们怀疑和批判的能力，鼓励他们在社会背景中检测自己的观点，发展学生自我管理的能力，从而促使其成为自主的学习者。

7.鼓励学生在社会背景中检测自己的观点。

8.支持学生对所学内容与学习过程进行反思，发展学生的自我控制技能，使其成为独立的学习者。

（五）建构主义教学理论在俄语教学中的运用

笔者把建构主义教学模式理念在俄语教学中进行了有益的尝试，取得了较好的教学效果，特别是在贯彻素质教育的今天，其体现了全新的教育思想，对教学改革具有一定的借鉴意义。

1.支架式教学

苏联时期杰出的心理学家维果茨基（Выготский）的研究对理解建构主义教学模式也是十分重要的。他提出了"最近发展区"理论，其与建构主义教学模式下的支架式教学不谋而合，都是利用为发展学生对问题的进一步理解所需要的概念框架作为学习过程中的脚手架，通过这种脚手架的支撑作用和教师的帮助，不停地把学生的智力从一个水平提升到另一个新的更高的水平，这两种水平之间的区域即为"最近发展区"。

在俄语教学中，技能性（听、说、读、写、译）知识、语法、语音规则，以及课文，尤其是说明文、议论文等篇章结构都适用于支架式教学。我们以学习语法规则中名词的词性为例：

（1）搭脚手架——先复习名词词性的规则，然后导入带有名词词性的句子，呈现学习目标。

（2）进入情境——听一段名词词性的录音，将学生引入名词词性到底有哪些规则的问题情境。

（3）独立探索——让学生独立探索。此阶段开始时教师可以启发引导，如提示他们这些名词的词性有什么特点，然后让学生听录音去分析、探索名词词性的规则。当然在学生探索过程中教师可以适当提示，帮助学生提升对象范围。

（4）协作学习——进行小组协商、讨论。在共享小组成员成果的基础上达到对名词词性规则有个比较全面、正确的理解，完成意义建构。

（5）效果评价——进行相关巩固性或知识迁移性操练，让学生自己评价学习效果，不断完善对所学知识的意义建构。

2.抛锚式教学

抛锚式教学也叫情境教学，指教学应当是在与现实情境相类似的情境中发生，以解决学习者在现实生活中遇到的问题为目标。抛锚式教学形象地将确定所需表达的课题称为"抛锚"，一旦课题确定了，整个教学内容和教学进程也就确定了，如同轮船被锚固定住一样。由于这种教学要求建立在有感染力的真实事件或真实问题的基础上，所以有时它也被称为"基于问题的教学"。

俄语中的口语会话、段落或短文听力理解、文章主旨阅读、专题写作这样的有多媒体支持或特定场景界定的教学宜采用这种教学方式。以 Есть ли жизнь на Марсе?（火星上是否存在生命？）这一主题，围绕此主题并设计以下几个话题：

（1）Как вы думаете, есть ли жизнь на Марсе?

（2）Какие автоматические станции на Марсе?

（3）Каких достижений в науке добились учёные?

告诉学生可以选择不同的话题分组进行研讨，并要求学生根据课文内容，结合平时收集的信息资料来研讨。这可以引起学生的兴趣，从而使其积极主动地投入到准备中去。

3.随机进入教学

随机进入教学是指学生可以随意通过不同途径、不同方式进入同样教学内容的学习，它是针对发展和促进学生的理解能力与知识迁移能力而提出的，所以比较适合俄语的词汇、语法规则和翻译技巧等有一定规律可循的内容的教学。

以限定从属句为例：

（1）呈现基本情境——向学生呈现一组限定从属句。

（2）随机进入学习——让学生"随机进入"不同的限定从属句，借助已有的限定从属句的知识，观察总结它的特征，使学生逐步完成对限定从属句知识点的建构。

（3）小组协作学习——围绕限定从属句呈现的不同侧面所获得的认识展开小组讨论，在协作中完成意义建构。

（4）学习效果评价——与支架式教学相同。

4.应用式教学

对教材中难以理解的知识点，传统的教学模式是让学生就知识论知识，进行反复无休止的练习，这不利于培养学生的思维能力和创新精神。建构主义教学模式是，如果出现学生难以理解的知识，就要改变学生原有的知识结构，创设新的情境，让学生在新创设的知识背景下去应用，在应用中进行整合，发现问题，纠正错误，加深对难点的理解，建构并逐渐完善知识结构，达到消化所学知识的目的。

俄语中的语法知识尤其适用于应用式教学。比如说第二格的用法，可以在创设的情境下来问学生：

Дайте мне чаю.

Дайте мне чай.

两句的区别是什么？学生在此情境下能加深对知识的理解。讲该知识点时必然涉及物质名词，特别是日常生活中哪些物质名词用单数，哪些用复数。采用应用式教学能让学生很快掌握知识。

5.亲历式教学

传统的教学模式一般是将知识点直接传授给学生，对直观感受知识的形成过程不太重视。建构主义教学模式中教师的主要任务不是直接传授，而是组织和引导学生，让学生亲历知识的建构过程。这种教学特别适合俄语的口语。比如对话：

——Можно войти?

——Пожалуйста. Вам кого?

——Анну Петровну.

——Она сейчас на лекции.

讲该知识点时笔者让学生亲身感受知识的建构，没有直接告诉学生"Вам кого?"产生的原因，而是引导学生自己思考谁需要找谁，这种方法加深了学生对这一知识点的理解和掌握。

二、错误分析理论

（一）错误分析理论基本观点阐释

错误分析理论是 20 世纪中后期盛行的对第二语言和外语学习者错误的研究，通过比较学习者的母语和目标语这两种语言来探求他们之间的异同。英国应用语言学家彼德·科德（S.Pit Corder）在 1967 年提出了错误分析理论，对学习者在学习过程中的错误进行系统性分析研究，从而确定其错误的来源，为教学与学习过程中进一步消除这些错误提供依据。

错误分析理论认为，外语学习者在学习一种新语言时，也像儿童学习母语一样，对目标语作出各种假设，并不断在语言接触和交际使用的过程中检验假设。在这个学习过程中，错误不仅是不可避免的而且还是必要的，因为它反映了学习者对目标语所作的假设与目标语体系不符时出现的偏差。通过观察、分析这些错误，教师可以了解学习者如何建立假设并检验它，了解外语学习者学习的方法和对目标语的熟悉程度。

错误分析理论使人们改变了对错误本质的认识，把错误从需要避免、需要纠正的地位提高到了作为认识语言学习内部过程的向导地位，随着语言学的不断发展，错误分析理论也必将得到进一步充实和完善，它对外语教学的指导作用也必将日益重要。

（二）错误分析理论对俄语教学的启示

"语言迁移"指一个人在母语习得环境中获得的知识趋于向外语学习的迁移。儿童在开始进行母语习得时，脑子一片空白，没有任何外来语影响，是纯粹地模仿成人的语言，不存在什么语言迁移。而外语学习就不那么简单了，因为外语学习者开始学外语时大都已是青少年或成年人，他们已基本掌握了第一语言，于是这已掌握的语言就时时在起作用，影响其外语学习，这种影响就是"语言迁移"的作用。按照产生的结果，迁移可分为正迁移和负迁移。当外语接近母语时往往发生的是正迁移；当外语和母语在某些地方相似而在其他地方又不同时就很容易产生母语的负迁移。

"正迁移"是指对学习有利的语言习惯转移，在母语与外语有相同形式时会出现这种情况，语言的正迁移可帮助学习者习得新语言。

"负迁移"也叫"干扰"，它是由于套用母语模式或规则而产生的不符合外语规则的用法而带来的副作用，会干扰新语言的学习。母语负迁移的情况在外语学习中有很多。例如，汉语拼音经常影响俄语音标的发音，进而影响单词的发音；还有人经常把汉语的语言规则用到俄语学习中。

有的教师认为任何错误都是不可接受的，提倡要把学生的一切错误都扼杀在萌芽状态。然而，根据错误分析的观点，这种想法是不正确的，因为学生的错误分为"系统错误"与"行为错误"，或"整体错误"与"局部错误"。那些"行为错误"和"局部错误"有时候是不需要纠正的，因为它们不会对交际产生影响。如果每一个细小的错误教师都要纠正，会使学生产生畏难情绪，打击学生的学习积极性和自信心。因此，教师应该允许学生出现错误。俄语教师应该根据不同的教学目标强调不同的重点，如果是训练流利程度，那么教师应该集中精力识别整体错误，而不是局部错误，然后针对整体错误做有控制的练习。

三、互动理论

（一）互动理论基本观点阐释

斯蒂芬·克拉申（Stephen D. Krashen）的输入假说强调大量可理解性语言输入是二语学习的条件。迈克尔·朗（Michael Lang）在认同这一观点的基础上，针对"这些语言输入是如何得到理解的"进行研究，提出了"交互假说"，认为学习者在互动交流中对语言进行修正，从而达到意思的沟通和理解。这一假说通常被认为是输入假说的延续和扩展。

交互是交际语言教学的核心，在语言习得中极其重要。在交互式教学模式下的课堂中，师生、生生之间进行双向或多向的信息交流不仅可以使学习者接受可理解性输入和反馈，而且有助于他们的语言输出。许多研究表明，通过意义协商交互，语言学习机会大大加强。

交互假说认为，当交谈中理解发生困难，交谈的双方必须依据对方的反馈，进行诸如重复、释义、改变语速等意义协商，使得语言输入变得可以理解，从而促进习得。

交互理论突出了语言习得中对可理解输入的意义协商以及语言发展中学习者输出

的重要性，为教学过程的意义协商的重要性提供了理论依据。现有的课堂教学过程意义协商极端欠缺，造成这一状况的主要原因是由教师向学生单一的信息流向这种习以为常的课堂话语形态。因此，如何改单一信息流向为双向、多向，使生生互动在语言习得中发挥作用就成为教学研究的新课题。

（二）互动理论对俄语教学的启示

1.采用讨论式教学法进行教学

讨论式教学法是交谈、讨论以及对话合为一体的交互式教学法。交谈的目的是力图保持一种均等，即交谈的双方轮流讲和听，但所谈的事情并不会因采用了这种方法而取得多少进展。

在对话过程中，参与者为了快速解决他们共同面临的问题，往往将彼此视为合作者来共同研究、探讨问题，一种观点常常会引发相反的观点，而后一种观点可能会推翻前一种观点，也可能被前一种观点推翻。由于讨论会对参与者扩展知识面、增强理解力和判断力方面产生作用，因而讨论不同于交谈或其他小组谈话的形式。

讨论是由两个或两个以上的成员组成小组，互相分享、批判各自的想法，在此过程中保持适度的严肃与活跃。讨论是实现人们互帮互助以及培养人们情感、发展人们技能的重要途径，而且也只有满足了这几方面才能使民主参与成为可能。在俄语课堂上进行的讨论，教师和学生要预先做一些准备，以熟悉讨论的各个特点。在自己的班里，应鼓励学生为讨论的各个特点命名并加以理解，之后在讨论中感受这些特点。

2.教师注意提问技巧

在以教师为主的互动课堂上，教师提问要注意技巧，多提开放性问题，少提封闭性问题。开放性问题，没有固定的答案，比较有利于学生发挥想象力，给出多样性的答案，让学生有话可说，使课堂气氛变得活跃。另外，针对不同学习水平的学生，教师提的问题的难易程度也应该不同。对学习能力比较好的学生，教师提的问题如果比较简单，可能会使他们慢慢失去学习的动力。

3.重视课堂交际活动

交互假设的一项重要贡献就是提出了交际双方之间的交互修正在学习中的作用，由此，交互假设的追随者们提出了以交际为基础的外语课堂教学法，强调了通过学生与教师、学生与学生之间的交际互动来创造和接受可理解性输入，以及只有在一定交际情境下有意义的输入才能被学生所吸收。在组织学生运用俄语进行交际的活动过程中，教师不能袖手旁观，而应对学生在互动活动中出现的错误于活动中或活动结束后进行快速的纠正和讲解。

4.丰富多样的小组活动

小组活动互动对学生的语言学习有益。小组活动可以使学生有更多的创造性地产出语言的机会，进行意义与内容协商，协同构建语篇。另外，没有教师参与的小组活动互动可以减轻学生的心理压力，营造轻松自然的课堂气氛。多组织小组活动是个较好的选择。在组织小组活动时，教师还要注意任务的设计。任务难度是一个首先要考虑的问题，难度适中的问题有可能激发学生的学习动机，使学生更有可能感到自己有能力完成任务，从而促进注意力的集中，达到习得语言的目的。除此之外，还要考虑小组构成、话题的可行性，要事先进行周密的设计，以保证在活动中有更多的意义协商。

5.重视教师话语的得体性

根据交互假设，不可理解的输入对学习者无用，只是一种噪声。对初学者来说，听那些不理解的语言等于浪费时间。因此，教师应根据学生的特点和俄语水平逐步调控教师话语。

一方面，教师对学生的话语输入句法要简单，尤其是对水平较低的学生，教师的话语在词汇方面应尽量用词义更宽泛的词来替代词义更狭窄的词。另一方面，教师在话语中要尽量出现一些类似于母亲对小孩的话语交互调整，比如重复、即时问题、刺激及扩展等。

第三章　俄语教学设计

中国的俄语教学历史悠久，但在以往的俄语教学过程中，教师只注重知识的传授，而忽视对教学过程中各个环节进行有效的设计。随着新课程改革的深层次推进，以及中俄两国合作领域的逐步扩大，对俄语教学、俄语人才的培养方向也有了全新的要求，如何拓宽俄语教学模式，增强俄语课堂教学的实效性、针对性，是每一位俄语教师在实际教学工作中需要重点考虑和研究的课题。只有以学生为主体，重视学习过程和体验的情境，主题教学活动才能成为未来俄语教学的主旋律。要想达成此目标，唯有借助教学设计理念指导，才能实现课堂教学模式转变。本章在介绍教学设计基础知识的前提下，分析了俄语不同教学阶段的具体设计，总结了俄语教学设计的侧重点与基本原则。

第一节　教学设计概述

一、教学设计的定义与特征

（一）教学设计的定义

教学设计是以人类的学习心理为基础，为达到预期的教学目标，对教学过程、教学方法和评价方法进行系统性的设计。

有人认为：教学系统设计是运用系统方法分析研究教学过程中相互联系的各部分的

问题和需求，确立解决它们的方法步骤，然后评价教学成果的系统计划过程。

也有人认为：教学系统设计是用系统方法分析教学问题和确定教学目标，建立解决教学问题的策略方案和试行解决方案，评价试行教学系统设计运行结果和对方案进行修改的过程。

实际上，教学设计是建立在教学科学这一坚实基础上的技术，因而教学设计也可以被认为是科学型的技术，教学的目的是使学生获得知识技能，教学设计的目的是创设和开发促进学生掌握这些知识技能的学习经验和学习环境。

（二）教学设计的特征

教学结构是指在一定的教育思想、教学理论和学习理论指导下，在某种环境中展开教学活动进程的稳定结构形式。教学结构具有以下五种基本特征：

1.依附性

教学结构强烈地依附于教育思想、教学理论和学习理论。换句话说，不同的教育思想、教学理论和学习理论指导就必然形成不同的教学结构。策略与方法对思想、理论没有这种依附性，同一种教学策略、教学方法可以在不同的教育思想、教学理论和学习理论指导下的不同教学活动中被采用。这种对理论的依附性是区别教学结构与教学策略、教学方法的最本质特性。

2.动态性

教学结构是教学活动进程的稳定结构形式。这里强调的是"进程"，即必须是在教学活动进程中表现出来的稳定结构形式才是教学结构，脱离"进程"就无所谓教学结构，因而教学结构具有动态性。策略与方法就是不在教学活动进程中也能表现出来，如教学内容的组织策略与组织方法及教学资源的管理策略与管理方法，就完全可以脱离教学进程而独立存在。换句话说，教学策略与方法在很多情况下是静态的而不是动态的，这是区别教学结构与教学策略、方法的又一本质特征。

3.系统性

教学结构是由教学系统的四要素（教师、学生、教材、媒体）在教学活动进程中相互联系、相互作用而形成的稳定结构形式，离开教学系统的四个要素（无论是一个或两个要素）就不可能具有这种结构形式。所以，教学结构是教学系统整体性能的体现，而不是系统局部性能的体现，更不是其中某个要素的个别特性或某几个要素的若干种特性的体现。教学策略与方法则可以只与其中的一两个要素相联系，而不必同时与四个要素相联系。所以，与教学系统的整体性能相联系，这是区别教学结构与教学策略、教学方法的第三个本质特征。

4.层次性

由于教学结构由四个要素相互联系、相互作用而形成，四个要素中的教材则与学科有关，因此在不涉及学科具体内容的场合，可以讨论不同学科共同遵循的总教学结构，甚至是同一学科内不同教学单元更低层次的子教学结构，从而表现出教学结构的层次性。对于教学设计来说，通常是针对某个教学单元或是某节课的设计，因此必须考虑某个教学单元或某节课的子教学结构设计。

5.稳定性

尽管教学结构具有动态性，但它不是随意变化的，而是有稳定的结构形式。它之所以有这种稳定性，和教学结构强烈依附于某种教育思想、教学理论及学习理论有关。

二、教学设计系统的层次

美国著名教育技术专家贝拉·巴纳锡（Béla H. Bánáthy）认为教学系统分为以下四个主要层次：

1.机构层次的系统：该系统主要是根据社会需要，制定教育目标和教育计划以及根据资源约束条件制定财政预算等。

2.管理层次的系统：主要是执行机构层次作出的决定并安排机构层次的资源，制订具体的课程设置计划，安排教学资源，制定教学评价指标体系，对教学系统进行评价。

3.教学层次的系统：由教师根据管理层次的安排制订自己课程的教学计划、教学安排、教学活动等。

4.学习层次的系统：上述各层次的资源和约束条件都对本层次起作用，该系统的输出是学生各门功课的考核成绩、达到教学目标并取得文凭和证书等。

教学设计的最终结果是经过验证的能够实现预期功能的各个层次的教学方案，如一个教育实体（如学校）的学科培养计划，一门课程的教学大纲和实施方案，一个教学单元或一节课的教案等。本书所讨论的教学设计研究层次仅限于微观的教学设计，即某一门具体课程的教学规划、一个教学单元或一节课的教学设计过程。在进行微观层面的教学设计时，通常会考虑以下几个问题：

1.为谁而教：分析教学的对象和教学需求。

2.为什么而教：分析教学要达到的目标。

3.教什么：分析教学内容。

4.如何来教：使用什么样的方法、策略，选择什么样的媒体表现等。

5.教得如何：怎样评价学习者的学习效果。

这几个部分构成了一个有机的整体，是教学设计要考虑的主要内容，也是教学设计的具体研究对象。

三、教学设计的作用

教学设计日益体现出它的重要性，因而越来越受到教育工作者的关注。其作用体现在以下几个方面。

（一）有利于教学理论与教学实践的结合

为了使教学效果最优化，教学设计不仅关心如何教，更关心学生如何学。因此，在采用系统方法分析解决教学问题的过程中，应注意把教与学的理论、传播理论等综合应用于教学实践，在教学理论和教学实践之间架起一座桥梁，把教与学的理论和教学实践紧密地连接起来。通过教学设计，一方面把已有的教学理论和研究成果运用于教学实践，指导教与学活动的开展；另一方面也将教师的教学经验升华为教学科学，充实和完善教学理论。

（二）有利于教学工作的科学化

教学设计运用系统方法，以教与学的理论为指导，对教学过程中的学习目标、学习内容、学习者、教学策略、教学媒体和资源、教学评价等要素进行具体规划，将设计过程模式化，这样可以有效减少教学活动中的盲目性和随意性，有利于教学工作的科学化和规范化。

（三）有利于教师的专业化发展

教师的课堂教学是一个计划性很强的教与学的双边活动过程。为使学习者在课堂教学过程中实现预期的学习目标，教师就需要掌握一定的教学设计理论，并将其运用于教学实践，使自己具备教学设计的能力。通过教学设计，教师可以使教学过程及其各个环节的安排和处理更具针对性和计划性，因而教师驾驭课堂教学过程的能力可以大大提高，同时教师的科学思维习惯和能力得到锻炼和培养，发现问题、解决问题的能力得到提高，有利于教师专业素质的提高，并促进青年教师快速成长。

教学设计将教学理论与教学实践相结合，有利于教学工作的科学化、规范化，促进了教师的专业发展，最终有利于教学质量和学生素质的全面提高。

四、信息化教学设计

（一）信息化教学设计的定义

信息化教学设计是充分利用现代信息技术和信息资源，科学安排教学过程的各个环节和要素，为学习者提供良好的信息化学习条件，实现教学过程全优化的系统方法。其目的就是通过信息技术构建的信息化环境，支持学生的自主探究学习，让学生学会获取、利用信息资源，培养学生的信息素养，从而增强学生的学习能力，并使他们最终成为具有信息处理能力的、主动的终身学习者。

（二）信息化教学设计的要素

信息化教学设计强调发挥学习者在学习过程中的主动性，其核心包括四个方面：教学目标分析、问题情境设计、环境资源设计和教学活动过程设计。

1.教学目标分析

分析教学目标是为了确定学生学习的主题，即与基本概念、基本原理、基本方法或基本过程有关的知识内容，对教学活动展开后需要达到的目标作出一个整体描述，可以包括学生通过这节课的学习将学会什么知识和能力、会完成哪些创造性产品以及潜在的学习结果。教学目标包括知识与能力目标、过程与方法目标、情感态度与价值观目标。

　　2.学习问题与学习情境设计

　　学习问题设计（包括疑问、项目、分歧等）是整个信息化教学设计的关键，学习者的目标是要阐明和解决问题（或是回答提问、完成项目、解决分歧），信息化学习就是要通过解决具体情境中的真实问题来达到学习的目标。

　　3.学习环境与学习资源的设计

　　从设计的角度看，学习环境是学习资源和学习工具的组合，这种组合实际上旨在实现某种目标的有机整合。在学习活动发生时，学习环境又被称为学习情境，其中必然包含人际关系要素。学习环境的设计主要表现为学习资源和学习工具的整合活动。在设计时也应考虑人际支持的实施方案，但人际支持通常表现为某种观念，而不是具有严格操作步骤的实施法则。由于学习环境对学习活动的支撑作用，学习环境的设计必须在学习活动设计的基础上进行。不同的学习活动可能需要不同的学习资源和学习工具。学习环境的设计者必须清醒地认识到其所设计的学习环境能支持哪些学习活动，以及支持的程度如何。

　　4.教学活动过程设计

　　按照建构主义思想，学习者学习和发展的动力源于学习者与环境的相互作用。学习者认知机能的发展、情感态度的变化都应归因于这种相互作用。站在学习者的角度看，这种相互作用便是学习活动。因此，学习活动的设计必须作为教学设计的核心设计内容来看待。学习活动可以是个体的，也可以是群体协作的。群体协作的学习活动表现为协作个体之间的学习活动的相互作用。学习活动的设计最终表现为学习任务的设计，通过规定学习者所要完成的任务目标、成果形式、活动内容、活动策略和方法来引发学习者内部的认知加工和思维，从而达到发展学习者心理机能的目的。

（三）信息化教学设计的特征

　　以信息技术等手段作为支持的信息化教学设计，区别于传统教学设计的特征不仅仅在于技术环境的变化，更重要的是教学设计观念的转变。

　　1.以建构主义学习理论为指导

　　建构主义在知识观上反对客观主义，认为知识本身并没有什么意义，意义是学习者通过新旧知识经验间的相互作用而建构成的，强调知识只能由学习者基于个体经验背景建构起来；在课程观上强调课程内容应多选取具有真实性的任务，在课程设计上要呈现给学生整体性的任务，让学生尝试完整的问题解决；在教学观上，重视环境、协作、会话和意义建构四个要素，认为教学要创设有利于学习者对所学内容进行意义建构的情境，协作、会话应该贯穿于整个学习活动中，从而完成知识的意义建构；在师生观上，认为教师不再是知识权威的象征，而应成为学生学习的引导者、伙伴与合作者。信息化教学设计就是主要以建构主义学习理论为指导来合理安排教学设计各环节的。

2.以学生为本

建构主义学习理论认为，学生是信息加工的主体，是认知结构的主动建构者。因此，信息化教学设计特别重视学生的主体地位，强调学生通过自主学习、自主探究来进行知识的意义建构，重视学生的主动学习和在学习过程中的积极参与，认为设计教学的目的在于服务学生，充分体现着学生的主体地位。在目标的设计上比较灵活，学生也可在教师的指导下制定学习目标；在内容的选择组织上不严格固守教材，知识组织呈现形式多样，侧重考虑学生的认知特点和兴趣爱好；在教学策略和方法的运用上多采用以"学"为主的教学策略，同时注重协作探究。

3.学习环境创设和学习资源的利用

要真正实现学生的自主学习、自主探究，丰富的学习资源是必不可少的。信息化教学设计以信息技术为支撑，既可辅助教师为学生创设良好的学习环境，提供大量的学习资源，也可以为学生自身获取丰富的学习资源提供便利。此外，利用信息交流工具，学生可以不受时间和空间的限制进行协作交流，这些均体现了"信息化"的优势。

4.学习内容强调综合性、生成性

信息化教学设计中的学习内容不拘泥于教材，可由教师补充、删减、整合。在知识内容的选取上注重内容的真实性、生活性，以期学以致用。在学习内容的组织上不刻意追求单一学科知识的系统化，更重视多学科知识间的交叉融合，为此学习内容除按某章、某节组织外，也可以围绕某个主题整合相关内容，并以主题或专题的形式呈现。

5.教学评价更注重过程评价

信息化教学设计中转变了传统的教学评价观，从以往注重对学习结果的价值判断，转向关注学生的发展过程，因此十分关注学习者的学习过程。

（四）信息化教学设计的基本原则

在进行信息化教学设计中，应以建构主义理论为指导，充分利用信息技术手段开展以"学"为主的教学活动，努力调动学习者的主动性、积极性，使学习者在意义丰富的情境中建构知识。为此，在信息化教学设计中应遵循以下基本原则：

1.强调以学为中心

信息化教学设计以学生的"学"为核心，注重学生学习能力、问题解决能力、创新力的培养。本着这一目标，教师在教学中要努力扮演好学生学习的引导者、促进者、帮助者的角色，适时监控和评价学生的学习进程，让其真正成为课堂的主人。

2.强调充分利用各种信息资源、工具支持"学"

丰富的信息资源及对资源的有效组织可以为学生的有效学习提供更多的保障。系列化问题的组织、超文本资源导航、主题学习网页、学习网站等资源集成化的教育环境创设都可起到优化学习内容的作用，能为学习者的自主学习提供技术支持；网络技术可以为学生提供宽广的环境资源和人力资源；思维可视化工具、建模工具、知识管理工具等可成为学习者有效学习的认知工具，这些都体现了信息化手段对学生"学"的良好支持。作为教师，必须首先提高自身的信息素养，在信息化教学设计中充分发挥技术支持，帮助学生利用好这些资源，充分发挥技术手段的优势，实现学习目标。同时，这也是提高学生信息素养以及终身学习能力的有效途径。

3.注重"任务驱动"和"问题解决"

信息化教学设计注重"任务驱动"，强调"问题解决"，其实质都是强调以学生为主体，变被动地接受知识为主动地获取知识。教师布置的任务或提出的具体问题都是一种教学的方式，其根本目的是让学生通过探究和深入思考，发现问题、解决问题，发展自主学习能力、探究能力、质疑能力、创新能力，由"学会"到"会学"。为此，在信息化教学过程的设计中，教师应重视多媒体资源优势的发挥，通过设置特定的情境、任务、问题，为学生创设良好的可探究的学习氛围。

4.强调"协作学习"

强调"协作学习"对意义建构的作用，是建构主义的核心思想之一。学习者与周围环境的交互，对学习内容的理解起着关键性的作用。在信息化教学设计中，教师应考虑师生交流、生生交流等教学活动的安排，多提供讨论和交流的机会，共同建立起学习群体。在这样的协作学习环境中，学习者群体（包括教师和每位学生）的思维与智慧可以被整个群体所共享，即整个学习群体共同完成对所学知识的意义建构，而不是其中的某一位或某几位学生完成意义建构。

5.强调针对学习过程和学习资源的评价

学习过程指学习者通过与信息和环境的相互作用而获得知识、形成技能、改变态度的过程。信息化教学设计关注学习过程，在评价中特别重视过程性评价，并以此作为质量监控的主要措施，及时对教学过程中存在的问题进行定量、定性分析。也就是说，教学除了安排终结性考核，还应安排形成性考核，如要求学生提交记录其学习过程的电子学档等。学习资源指支持学生学习的资料来源或资料库，它包括支持学生学习的教学材料与环境。由于目前教学软件和网上资源随处可用而又良莠不齐，如何通过有效的评价在资源的海洋中挑选出高质量的学习资源至关重要。

第二节　教学设计模式

一、教学设计模式概述

（一）教学设计模式的含义

模式是再现现实的一种理论化的简约形式，通常是指可以使人模仿的系统化、稳定的操作样式，表现为某种规范的结构或者框架。

教学设计模式是经过长期的教学设计实践活动所形成的教学设计系统化、稳定的操作样式，用简约的方式提炼和概括教学设计实践活动的经验，解释和说明教学设计的理念和有关理论。教学设计模式是在教学设计实践中逐渐形成的一套程序化的步骤，其实质是说明办什么，怎样办，而不是为什么要这样办。教学设计过程模式指出以什么样的步骤和方法进行教学系统的设计，是关于设计过程的理论。

（二）教学设计模式的功能

教学设计模式的功能主要有以下四个方面：

第一，教学设计模式可以为教学设计的实践提供直接的指导。

第二，教学设计模式可以为教学设计的理论研究提供资料、素材。教学设计模式包含关于教学设计的特定理论、指导思想，这些教学理论可以转化为教学设计的理论，成为教学设计理论研究的来源。

第三，教学设计模式可以为教学实践活动提供指导。

第四，教学设计模式可以为教学管理决策提供指南和依据，因为教学设计模式能提供关于教学实践活动过程各个环节、各个方面的信息。

（三）教学设计模式的基本要素

任何一种教学设计模式都包含下列四个基本要素：

1.教学对象

教学系统的服务对象是学生。为了做好教学工作，教师必须认真分析、了解学生的情况，掌握他们的一般特征和初始能力，这是教学设计的基础。在新课程理念下，课堂教学不再仅仅是传授知识，教学的一切活动都着眼于学生的发展。在教学过程中如何促进学生的发展，培养学生的能力，是现代教学思路的一个基本点。

2.教学目标

教学设计中阐述目标，能够体现教师对课程目标和教学任务的理解，也是教师完成教学任务的归结点。

新课程标准从关注学生的学习出发，强调学生是学习的主体，教学目标是教学活动中师生共同追求的，而不是由教师所操纵的。因此，教学目标的主体显然应该是教师与学生。

3.教学策略

所谓教学策略，就是指为了实现教学目标，完成教学任务所采用的方法、步骤、媒体和组织形式等教学措施构成的综合方案。它是实施教学活动的基本依据，是教学设计的中心环节。其主要作用就是根据特定的教学条件和需要，制定向学生提供教学信息，引导其活动的最佳方式、方法和步骤。

4.教学评价

教学评价包括诊断评价、形成评价、总结评价三个部分，目的是了解教学目标是否达到，从而作为修正设计的依据。

教学对象、教学目标、教学策略和教学评价四个基本要素相互联系、相互制约，构成教学设计的总体框架。

二、教学设计过程模式

（一）教学设计过程的一般模式

教学设计从 20 世纪 60 年代产生至今，许多专家、学者通过文字或图解的方式对其过程进行了描述，以简要表述对教学设计过程的认识，这就是教学设计的模式。迄今为止，已出现的教学设计模式有数百个之多。通过对这些教学设计模式的共同特征以及要素的分析、归纳和总结，就形成了一个具有一定代表性的一般模式，如图 3-1 所示。

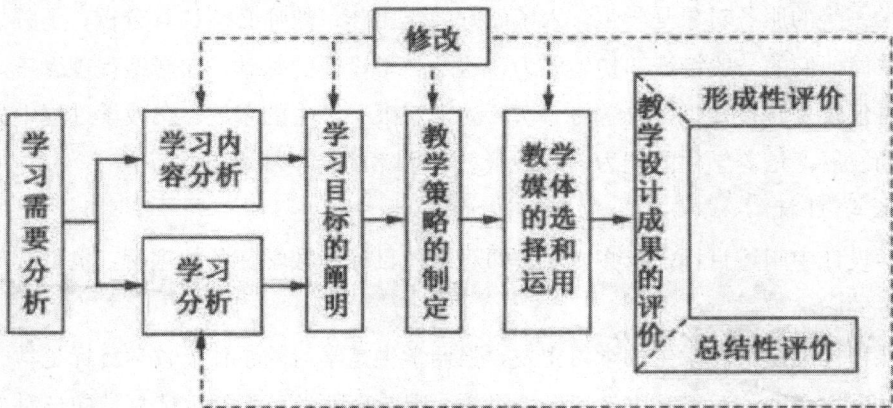

图 3-1　教学设计过程的一般模式图

（二）主要教学设计过程模式介绍

由于教学设计实践中所涉及的教学系统范围和任务的层次有很大的差别，而且设计的具体情况和对象也不同，再加上设计人员的教学工作环境不同和个人专业背景的差异等均可能导致不同的教学设计过程模式，但这些模式具备一些共同的属性。从构成要素来看，所有的教学设计过程模式都包括学习者、目标策略、评价；从所设计的步骤来看，所有的教学设计过程模式都包括教学目标设计、教学策略设计、教学评价设计；从其理论基础和实施方法来看，教学设计过程模式分为三大类：以"教"为主的教学设计模式，以"学"为主的教学设计模式和以"教师为主导、学生为主体"的教学模式。

1.以"教"为主的教学设计模式

通常认为，以"教"为中心的教学设计理论基础包括四个组成部分，即系统理论、学习理论、教学理论和传播理论。

根据特定的学习理论作为理论基础对教学设计模式进行划分，以"教"为主的教学设计模式的发展经历了两代：第一代以肯普模型为代表，在学习理论方面它是以行为主义的联结学习（即刺激—反应）作为其理论基础；第二代以史密斯—雷根模型为代表，在学习理论方面以罗伯特·米尔斯·加涅（Robert Mills Gagné）的"联结—认知"学习作为其理论基础。

（1）肯普模型

肯普模型由肯普（J.E.Kemp）在 1977 年提出，后来又经过多次修改才逐步完善。该模型的特点可用三句话概括：在教学设计过程中应强调四个基本要素，须着重解决三个主要问题，要适当安排十个教学环节。

①四个基本要素

四个基本要素即教学目标、学习者特征、教学资源和教学评价。肯普认为，任何教学设计过程都离不开这四个基本要素，由它们即可构成整个教学设计模型的总体框架。

②三个主要问题

任何教学设计都是为了解决以下三个主要问题：

A.学生必须学习到什么（确定教学目标）；

B.为达到预期的目标，应如何进行教学（即根据教学目标的分析确定教学内容和教学资源，根据学习者特征分析确定教学起点，并在此基础上确定教学策略、教学方法）；

C.检查和评定预期的教学效果（进行教学评价）。

③十个教学环节

确定学习需要和学习目的，为此应先了解教学条件，包括优先条件和限制条件；选择课题与任务；分析学习者特征；分析学科内容；阐明教学目标；实施教学活动；利用教学资源；提供辅助服务；进行教学评价；预测学生的准备情况。

以四个要素、三个问题和十个环节为标志的肯普模型尽管因为其基于行为主义而带来较大的局限性，但是由于它具有较强的实用性和可操作性，加上它允许教师按意愿来安排教学的各个环节，即具有灵活性，所以多年来，它在世界范围内产生了较大影响，并成为第一代教学设计模型的代表。

（2）史密斯—雷根模型

史密斯—雷根模型由史密斯（P.L.Smith）和雷根（T.J.Ragan）于1993年提出，并发表在他们合著的《教学设计》一书中。该模型是在第一代教学设计中有相当影响的"狄克—柯瑞模式"的基础上，吸取加涅在"学习者特征分析"环节中注意对学习者内部心理过程进行认知分析的优点，并进一步考虑认知学习理论对教学内容组织的重要影响而发展起来的。由于该模型较好地结合了行为主义与认知主义，较充分地体现了"联结—认知"学习理论的基本思想，因此其在国际上产生了较大影响。下面介绍史密斯—雷根模型的主要特点。

史密斯—雷根模型把"学习者特征分析"和"学习任务分析"（包括"教学目标分析"和"教学内容分析"两个部分）合并为"教学分析"模块，并对这一模块补充"学习环境分析"框；"学习者特征分析"除了考虑学习者的学习基础和知识水平外，还强调考虑学习者的学习动机、认知策略与认知能力，这一点主要是通过对"组织策略"部分较深入地解剖达到的。此外，取消以前的教学设计模式中常见的、较为具体的、琐碎的"行为目标"表述框。显然，这不仅使模型的"教学分析"模块更充实，而且在结构上也显得更为简洁、合理。

该模型明确指出应设计三类教学策略，即教学组织策略、教学内容传递策略和教学资源管理策略。

2.以"学"为主的教学设计模式

基于建构主义理论，以"学"为中心的教学系统设计模式以问题或项目、案例、分歧为核心，建立学习"定向点"，然后围绕这个"定向点"，通过设计"学习情境""学习资源""学习策略""认知工具""管理和帮助"而展开。问题、案例、项目、分歧的提出基于对教学目标、学习者特征和学习内容的分析，结束部分的教学评价是教学系统设计成果趋向完善的调控环节。以下对以"学"为中心的教学系统设计模式各环节做一较为详细的分析。

（1）分析教学目标

分析教学目标是为了确定学生学习的主题，即与基本概念、基本原理、基本方法或基本过程有关的知识内容。分析教学目标时首先要考虑学生这一主体，即教学目标不是设计者或教师施加给学习过程的，而是从学生的学习过程中提取出来的。并且，还应尊重学习主题本身的内在逻辑体系。

在以建构主义理论指导教学系统设计时，一定要考虑教学目标的确定，应注意避免将教学目标简单化的倾向，不能采用传统的行为式的教学目标。教学目标的编写应有一定的弹性、可变化性，如采用认知目标分类的层次来标识。建构主义强调知识的情境性、整体性，强调知识应在真实任务的大环境中展现，学生应在完成真实任务的过程中达到学习的目的。所以在编写教学目标时，不应采用传统教学目标分析过分细化的做法，而应采用一种整体性的教学目标的写法。此外，还要注意区分学习目标与教学目标的异同。教学目标是所有学者都应达到的学习要求，学习目标则是学生自己确定的，它们在很多情况下是一致的，但有时由于不同学习者知识背景和兴趣爱好的不同，其学习目标也不完全相同。

（2）学习者特征分析

在建构主义教学系统设计中，学生是学习的主体，是意义的主动建构者。从哲学角度看，学生是内因，教师的作用是外因，内因是事物发展变化的决定因素，外因通过内因起作用。因此，对学习者特征分析的主要目的是通过设计适合学习者能力与知识水平的教学内容和问题，提供丰富的学习资源和恰当的指导来促进学习者的学习。在这里学习者特征分析的方法和前面基本相同。

（3）学习内容分析

明确所需学习的知识内容的类型（陈述性、程序性、策略性知识）及知识内容的结构关系，这样在后面设计学习问题（任务）时，才能很好地涵盖教学目标所定义的知识体系，才能根据不同的知识类型，将学习内容嵌入建构主义学习环境中的不同要素中，如陈述性知识可以通过学习资源的方式提供，而策略性的知识则可通过设计自主学习活动来体现并展开。

（4）设计学习任务

学习任务的提出是整个建构主义教学系统设计模式的核心和重点，它为学习者提供了明确的目标、任务，使得学习者解决问题成为可能。学习任务可以是一个问题、案例、项目或是观点分歧，它们都代表某种连续性的复杂问题，能够在学习的时间和空间维度上展开，均要求采用真实的情境通过自主建构的方式来学习。

（5）学习情境设计

建构主义主张学生要在真实的情境下进行学习，要减小知识与解决问题之间的差距，强调知识的迁移能力的培养。因此，建构主义的教学系统设计强调学习情境设计，强调为学生提供完整的、真实的问题背景，还原知识的背景，恢复其原来的生动性、丰富性，以此为出发点支撑环境，启动教学，使学生产生学习的需要，驱动学生进行自主学习和合作学习，达到主动建构知识意义的目的。

在设计学习情境时，应注意以下几点：

①不同学科对情境创设的要求不同。对有严谨结构的学科（数学、物理、化学等理科内容皆具有这种结构），应创设包含许多不同应用实例和有关信息资料的情境，以便学习者根据自己的兴趣、爱好去主动发现、主动探索；对不具有严谨结构的学科（语文、外语、历史等文科内容一般具有这种结构），应创设接近真实的情境，使学习者产生身临其境的感觉，从而激发学习者参与交互式学习的积极性，在交互过程中去完成问题的理解、知识的应用和意义的建构。在这两种环境中均应有各自包含的帮助系统，以便为学习者在学习过程中随时提供咨询与帮助。

②在进行教学目标分析的基础上选出当前所学知识中的基本概念、基本原理、基本方法和基本过程作为当前所学知识的"主题"，然后再围绕这个主题进行情境创设。

③学习情境只是促进学习者主动建构知识意义的外部条件，是一种"外因"。外因要通过内因才能起作用。设计理想的学习情境是为促进学习者自主学习、最终完成意义建构服务的。明确这一点对研究以学为中心的教学系统设计有重要意义。

④学习任务与真实学习情境必须相融合，不能处于分离或勉强合成的状态，新创设的情境要能够以自然的方式展现学习任务所要解决的矛盾和问题。

（6）学习资源设计

学生自主学习、主动建构知识意义是在大量信息的基础之上进行的，所以丰富的学习资源是建构主义学习的一个必不可少的条件。学生为了了解问题的背景与含义、建构自己的问题模型和提出问题解决的假设，需要知道有关问题的详细背景，并需要学习必要的预备知识，因此在教学系统设计时，必须详细考虑学生解决这个问题需要查阅哪些信息资料，需要了解哪些方面的知识，最好能够建立系统的信息资源库（或使用现有的资源管理系统），并提供正确使用搜索引擎的方法，即进行学习资源设计。

（7）提供认知工具

在现代学习环境中，认知工具，主要是指与通信网络相结合的广义上的计算机工具，用于帮助和促进认知过程，学习者可以利用它来进行信息与资源的获取、分析、处理、编辑、制作等，也可用来表征自己的思想，替代部分思维，并与他人通信和协作。

认知工具在帮助和促进认知，培养学生批判性思维、创造性思维的过程中起着重要作用。它可以帮助学习者更好地表述问题（如视频工具），更好地表述学习者所知道的知识以及正在学习的客体（如图表工具），或者通过认知工具自动解决一些低层任务或代替做些任务来减轻某些认知活动（如计算工具）。此外，认知工具还可帮助学习者搜集并处理解决问题所必需的各种信息。

（8）自主学习策略设计

自主学习策略，是指为了激发和促进学生有效学习而安排学习环境中各个元素的模式和方法，其核心是要发挥学生学习的主动性、积极性，充分体现学生的学习主体作用。从整体上来讲，学习策略分为四类：主动性策略、社会性策略、协作性策略和情境性策略。在设计自主学习策略时，主要考虑主、客观两方面因素。主观方面首先是指作为学习主体的学生所具有的认知能力、认知结构和学习风格。除了这些智力因素以外，主观方面还包括非智力因素，其中智力因素对学习策略的选择至关重要。客观是指知识内容的特征，它决定学习策略的选择，如对复杂的事物和具有多面性的问题，由于从不同的角度考虑可以得出不同的理解，为克服这方面的弊病，在教学中就要注意对同一教学内容，要在不同的时间、不同的情境下，为达到不同的教学目的，用不同的方式加以呈现。这样学生可以随意通过不同途径、不同方式进入同样教学内容的学习（即运用"随机通达"学习策略），从而获得对同一事物或同一问题的多方面的认识与理解。

（9）管理与帮助设计

在建构主义学习中，虽然学生是学习的主体，但并没有忽视教师的指导作用，任何情况下，教师都有控制、管理、帮助和指导的职责。由于不同的学生所采用的学习路径、所遇到的困难不同，教师需针对不同情况作出适时反馈；学生在自主学习过程中，面对丰富的信息资源，容易出现学习行为与学习目标相偏离的情况，教师要在教学实践中注意启发、引导，以促进学生学习；为了使意义建构更有效，教师还应在可能的条件下组织协作讨论，要启发、诱导学生自己去发现规律，自己去纠正和补充片面的认识，并对协作学习过程进行引导，使之朝着有利于意义建构的方向发展。因此，教师是教学过程的组织者、指导者，是意义建构的帮助者、促进者。

（10）总结与强化练习

适时地进行教学总结可有效地帮助学生将零散的知识系统化。在总结之后，应为学生设计出一套可供选择，并有一定针对性的补充学习材料和强化练习，以便检测、巩固、拓展所学知识。这类材料和练习应经过精心挑选，既要反映基本概念、基本原理，又能适应不同学生的要求，以便通过强化练习纠正原有的错误理解或片面认识，最终达到符合要求的意义建构。

（11）教学评价

建构主义主张评价不能仅依据客观的教学目标，还应该包括学习任务的整体性评价、学习参与度的评价等，即通过让学生去实际完成一个真实任务来检验学生学习结果的优劣。因为建构主义主张学习是自我建构知识意义的过程，因此源于建构观的评价并不强调使用强化和行为控制工具，而鼓励较多使用自我分析和元认知工具。

以"学"为主的教学系统设计由于强调学生是学习过程的主体，是意义的主动建构者，因而有利于学生的主动探索、主动发现，有利于创造型人才的培养，近年来备受人们关注。但以"学"为主的教学系统设计仍有其自身的一些局限性。长期以来，以学生为中心的教学系统设计虽然有一些典型的案例，但尚没有形成用于分析和设计学生学习环境和自主学习策略的教学设计理论框架，并且以"学"为中心的教学系统设计由于只强调学生的"学"，往往容易忽视教师的主导作用的发挥，忽视师生之间的情感交流和情感因素在学习过程中的重要作用，而且由于忽视教师的主导作用，当学生自主学习的自由度过大时，还容易偏离教学目标的要求。

3.以"教师为主导、学生为主体"的教学模式

以"教师为主导、学生为主体"的教学模式是由何克抗教授提出来的，该模式具有如下特点：

（1）可根据教学内容和学生的认知结构情况灵活选择"发现式"或"传递—接受"教学分支。

（2）在"传递—接受"教学过程中基本采用"先行组织者"教学策略，同时也可采用其他的"传递—接受"策略作为补充，以达到更佳的教学效果。

（3）在"发现式"教学过程中也可充分吸收"传递—接受"教学的长处（如进行学习者特征分析和促进知识的迁移等）。

第三节 俄语教学设计的具体阶段

一、教学设计阶段

（一）关于教学目标设计

教学目标是指教学活动实施的方向和预期达成的结果，它是一切教学活动的出发点和最终归宿。确定教学目标是有效教学的基础，是提升学习成效的前提。

俄语教学目标设计的依据：

（1）俄语学科教学大纲或课程标准是俄语设计教学目标的根本依据。

（2）俄语教材的重点、难点是制定俄语教学目标的重要依据。准确把握教材的重点、难点，确定学生要掌握什么，训练什么，达到什么程度，如何解决疑难问题，是教学设计的重中之重。

（3）学生的学习现状是设计俄语教学目标的必要依据。不同学段，不同班级，或者同一班级的不同个体，学情状况、知识水平、认知能力、学习氛围都不尽相同，教学设计只有充分考虑到这些差异，找到有效的解决措施，在存在个体差异的情况下，让学生人人有所得，人人有所知，才能称之为成功的教学。

在素质教育的要求下，现在一线教师多是依据以布鲁姆为代表的三维教学目标来设计自己的教学目标。三维教学目标包括知识与技能，过程与方法，情感、态度和价值观。

（二）俄语教学目标设计

1.俄语学期教学目标设计

学期教学目标是为实现专业培养目标，结合学科特点、学段特点、认知水平，依据本学期的教学时间和任务制定的该学科本学期所要达到总体目标和教学进度推进表。俄语学期教学目标是俄语章节教学目标和课时教学目标的统领，是俄语章节教学目标和课时教学目标顺利推进的预设。

2.俄语章节教学目标设计

章节教学目标是学期总体教学目标的具体化解，通常以主题单元的形式呈现。我们在进行俄语章节教学目标设计时，要注意以下几个方面：（1）在精读整个单元教材的基础上，全面分析课与课之间的内在联系和知识交叉点；（2）对本单元的基本知识和言语技能有清晰的认识；（3）明确本单元的重点、难点；（4）必要时可结合学情特点和认知水平，对本单元的内容进行重新编排整理。

3.俄语课时教学目标设计

课时教学目标是在学期总体教学目标的统领下，对章节教学目标的分段实施，是依据具体教学内容制定的教学过程中教与学的互动目标。由于具体的教学行为是有时段的，为了提高单位时间的教学效率，俄语课时教学目标必须有质与量的规定，还要突出过程性的特点。

在进行俄语课时目标设计时要考虑以下因素：（1）注意知识呈现的层次性，先易后难，先简后繁；（2）板书内容简单、清晰、明了；（3）精心设计课堂练习，真正做到以练促教；（4）注重师生互动，生生互动；（5）渗透学法指导，培养良好的学习习惯和自学能力。

俄语课时教学目标的达成是渐进的、反复的，有时为了实现某一目标需要反复学习、训练。当然这种反复绝不是原地重复，而是在另一高度上的反复与强化。

总之，无论哪个层面的俄语教学目标设计都要有明确的指向性，因为俄语教学目标说到底是规定做什么、怎么做、作出怎样的结果来，所以指向一定要清晰明确，明确到如何具体操作，清晰到能够以此为依据来检测学生的俄语学习情况。

（三）俄语课堂教学过程设计

教学活动被认为应该是一个由师生积极参与、相互作用、共同发展的过程，学生的学习应是活跃的、主动化和个性化的过程。这意味着俄语课堂教学不再仅仅是教师单向地向学生传授课本知识，而是师生共同交流与分享、理解与创生的过程。

教学过程设计就是根据教学目标分析和学生能力水平评估，制定出促进学生掌握知识、提高能力的办法。课堂教学是学生探索新知，体验知识由来的过程，而不是被动接受知识结果的过程。

缺乏设计理念为指导的俄语传统课堂，通常是讲授多于参与，说教多于思考，经验的总结多于过程的探究，存在着重视教学内容完成，而轻视参与意识和创新理念培养的问题。在"生动的情境中学习"将成为新课标指导下俄语课堂的新特征。

史密斯和雷根综合了当代学习理论研究和教学理论研究的主要成果研究得出，尽管不同的学习结果需要不同的教学策略，但是教学过程一般都包括四个阶段：导入、主体部分、结论和评定。

笔者也结合自己的教学实际，以"主体—主导"模式为教学设计基础，从上述四个方面为大家展现教学设计理念在俄语教学过程中的实施和操作。

1.以学生为中心，吸引学生注意力的导语设计

教学设计的首要任务是教会学生如何学，培养学生乐于学。显然过去"一支粉笔，一本书"的传统教学模式是很难完成这一使命的。现在的学生生活在网络信息发达的年代，所以教师想要在课堂上吸引住他们的眼球，就要抓住课前的"黄金三分钟"，即课程导入环节。

"教学的艺术不在于传授的本领，而在于激励、唤醒、鼓励。"学生对一个新教学内容的学习欲望和学习效果，与教师的导语密不可分。精彩的导语，如同半开的帷幕，能让学生产生迅速进入、一探究竟的冲动和欲望；又如热烈的乐章序曲，使学生受到强烈的感染；又像是敞开大门的宫殿，诱导学生竞相"登堂入室"，一览其中美景。这就要求教师在熟知教学内容的同时，充分发挥个人智慧，巧思妙想，采用别开生面的导入方式，把学生牢牢吸引在课堂上。

（1）导入方式

在俄语课堂教学中，常采用的导入方式有以下几个：

①问题式导入

教师在课前准备一些与讲授内容相关的问题，引导学生通过对问题的回答顺利过渡到新课。成功的"问题导入"不仅能营造良好的课堂氛围，激发学生的求知欲望，还能让新的教学内容不露痕迹地自然呈现在学生面前。但在问题的选择上，教师一定要站在学生的角度，挑选容易引起学生共鸣的内容设问，以此来吸引学生的注意力。否则就会适得其反，那些曲高和寡的问题，只能变成教师的自问自答，不难想象，沉闷无趣也将变成接下来这节课的主基调。

②文字资料导入

教师利用能与教学内容产生巧妙关联的海报、广告、谜语、短故事等作为课堂导入的工具。

③音频、视频导入

随着科技的进步,多媒体越来越多地应用于课堂教学,青春期的孩子总是会对新鲜事物产生浓厚的兴趣,因此音频、视频的导入方式通常最受学生的喜爱。

音频、视频通常会带给学生强烈的听觉震撼和视觉冲击,使用起来屡试不爽。只是找寻与制作音频、视频的过程耗时费力,教师通常不会把这种方式作为首选。

④时事导入

人是社会动物,每个人都会对自己所处的社会环境或身边新闻感兴趣,因此新闻、时事有时也是不错的导入选择。

利用新闻、时事进行导入会给学生一种感觉:"这位老师还是很接地气儿的嘛!"容易瞬间拉近与学生的距离,让接下来的课堂气氛更加融洽。

(2)导语设计时应注意的问题

俗话说,良好的开端是成功的一半。精彩的新课导入有如一颗火种,能瞬间点燃学生求知的热情,烘托出良好的课堂氛围,为教学活动的顺利实施做一个成功的铺垫。所以导语虽无一定之规,却有无穷之妙。在实际教学中,教师在进行导语设计时还应注意下列问题:

①言简意赅

导语只是课堂教学的引语,并不是主要教学内容,在设计时一定要简单、凝练,切中要害。最好控制在两三分钟内,不能冗长、复杂,耗费大量教学时间,更不能喧宾夺主,主次颠倒。

②巧妙有趣

使用导语的目的是吸引学生注意力,激发学生的求知欲,因此其不仅要简练,而且还要生动有趣,这样才能引起学生的共鸣,并和教学内容实现巧妙衔接。

③启发诱导

不管是问题式导语,还是情境式导语,导语的设计都要有针对性、启发性。"针对性"是指导语的设计要围绕教学内容展开,不能离题万里,为了导入而导入。同时,导语还要有"启发性",也就是问题或导语的设计,给学生留有思考的空间,能引发学生对知识的思索和探究。

④通俗易懂

在导入内容的选择上,深奥的材料会适得其反,因为那样会让学生在上课伊始就产生畏难、厌学的情绪,只有那些通俗易懂,符合学生的认知能力和水平的内容才会引起学生的注意和兴趣，起到导语应有的作用。

2.重视学习过程，提高学生参与意识的过程设计

20 世纪 90 年代中后期，我国的教学设计研究者更多地将目光转向教学设计的应用和实践研究。何克抗教授主张"教学并重"。他在《教学系统设计》中提出，"在进行教学系统设计时，强调学生的自主学习，而忽视教师的主导作用；强调认知过程在意义建构中的重要性，而忽视情感因素在意义建构中的作用……"　这一理论的提出彻底改变了学生在课堂中的被动接受，以完成认真听讲，做好笔记为主要学习任务的状况。学生不再是教师手中的"牵线木偶"，教师牵一牵，学生动一动。

我们反对以教师为本位的过度预设，需要在遵循学生认知规律的基础上，以学生为中心地精心预设，使学生变身成课堂活动的积极参与者和探索知识的体验者。这就要求教师从课堂"霸主"转身为课堂教学的引领者、指路人。要完成这个任务，教师课前必须运用精湛的技巧设计好教学过程，选择可操作、易实施的教学策略，了解学生学习需求，合理安排教学内容，让全体学生都能积极参与教学活动，使每位学生都成为"一伸手就能摘到桃子"的人。只有这样，才能通过教师有效的教，促进学生有效的学，进而实现以学生发展为本的新课程理念。

3.注重情境创设，提倡基于情境的教学策略设计

情境对于教学的作用论述颇多，知识只有融入情境中，才能显现出生机和活力。

在未来的俄语教学中，基于建构主义学习观的情境创设和立足于情境的教学将成为课堂教学提升的主要发展方向。学习者获取知识的渠道将由从教师那里囫囵吞枣似的被动接受，变成在一定情境下借助外力的帮助（教师的引领、同伴的合作、利用必要的信息等），通过有意义的建构而获得的。这就要求学习情境的创设必须有利于学生对所学内容进行有意义的建构。

由此，学习情境的创设将成为教师对教学过程进行设计时要重点考虑的内容。教师在进行情境设计时一定要以情境的真实性为原则。情境的真实性，即教学应使学习在与现实情境的类似情境中发生，以解决学生在现实生活中遇到的问题为目标。学习内容要选择真实性任务，不能对其做过于简单的处理，应该在课堂教学中使用真实的任务和日常的活动或实践来整合多重内容或技能。

二、教学评价阶段

在中华人民共和国教育部制定的《义务教育俄语课程标准（2022 年）》中明确指出："要树立正确的评价观念，以核心素养和学业质量标准为依据，以课程内容为参照，以知识和技能为重点，以学生在主题活动中的表现为对象，重视考查学生的价值观、必备品格和关键能力。"

因此，广大一线教师在积极推进教学改革的同时，也应大胆探索一条适合不同层次学生的积极有效的评价体系。注重激励学生发展的教学评价设计是目前乃至以后很长一段时间我们要探索的主要方向。

（一）重视形成性评价，做好学习过程记录

根据在教学活动中起到的不同作用，评价一般被分为诊断性评价、形成性评价和总结性评价。传统的考试就是总结性评价的具体体现。

形成性评价，是在教学过程中为改进和完善教学活动而进行的对学生学习过程及结果的评价。它包括在一节课或一个课题的教学中对学生的口头提问和书面检测。形成性评价这个词对学习过教育学理论的各位教师想必并不陌生，但因为准备过程的复杂，统计数据的烦琐，真正将其应用于教学实际工作中的人恐怕少之又少。

俄语是交际工具，是沟通的纽带，是一门实践性课程，随着人们对课堂教学过程设计的重视，对学生学习过程的跟踪记录也被重视起来。以下是一些常用的评价方法：

1.作业的批改

对学生作业或测验、试卷的批改应坚持以下三个原则：（1）对优等生的作业只批不改，让学生自己改，学生改后教师重批一遍，让学生学会发现问题，纠正错误；（2）对中等生的作业多批少改，让学生学会比较问题，举一反三；（3）对学困生的作业则要仔细批，示范改或当面批改，让学生清楚问题，解决问题。

2.成绩的记录

在对学生平时作业、单词测验、句型检测进行记录时，应主要采用单项评价的方式。这里的"评价不是为了排队，而是为了促进发展"，主要是为了让师生对某一项任务的完成情况和知识掌握情况有客观的了解，以便及时反馈，用来调整和指导今后的教和学。

为了便于记载、整理，人们通常以量表的形式记录。

形成性评价横向是对一段时间内全体学生学习状况的比较，纵向是对每个学生不同阶段学习状况的真实记录，体现了学生发展的个体差异。对优秀学生而言，这种评价方式更能增强学生的学习成就感，坚定学习信心，保持学习兴趣，稳定学习成绩。对学困生而言，这种评价方式能使他们及时得到帮助，增加咨询和个别辅导的机会，有利于改进自己的学习，让其感受到只要努力就会进步，提高和恢复学生的自信心，体验到学习的快乐。

（二）弱化总结性评价，合理设计试卷

总结性评价是在一个大的学习阶段、一个学期或一门课程结束时对学生学习结果的评价。总结性评价在我们的教学活动中多充当期末考试、升学考试的角色，是被人们广泛认可的评价方式。

总结性评价通常以一张考卷作为具体评价方式。考卷的难易程度，试题的编排是否符合学生的认知习惯和知识水平都是影响评价结果的因素。考试前，在学校的题库中随便抽一套试题作为考题的做法相信很多教师都做过或正在做。但这套考题的内容是否真的是本学期或本学科要考查的重点，是否真能客观地反映学生平时的学习状况，恐怕是一个"仁者见仁，智者见智"的事情。

如果想对本学期的教学有一个客观真实的了解，精心编排、设计考题，是每位教师义不容辞的责任，也是必须具备的基本能力。在试题的编排上要注意以下几点：

1.中间为主，两头为辅

在试题的编排上要以中等生的认知水平为主，兼顾学困生和优等生。通常，试题的难易比例为中等难度占 60%，较易题型占 20%，偏难题型占 20%。

2.题型分布，先易后难

在题型分布上应遵循先易后难的原则，避免试题难度呈跨越式分布，因为这样会给学生造成一种题很难的心理暗示，从而产生放弃的想法。

3.知识考查减弱，能力考查加强

对知识的考查一直是传统考试的重点，学生通过死记硬背，机械记忆一些知识，就会在考试中取得好成绩。会背而不知其用法的情况也在我们的教学中屡见不鲜。高分低能在很大程度上应该是教师的考试观错位造成的。因此，教师在编写试题时应减少单纯

的知识性考查，逐步加强能力类试题的考量。这也会在很大程度上改善学生平时不听讲，考前狂背半个月的不良现象。因为能力的培养不是一朝一夕就能成功的，它是平时课堂上点滴积累的结果，这也从另一个层面引导学生积极参与学习过程，积累学习经验。这一点，高考改革已经为我们做了一个很好的榜样。

（三）制定合理的成绩核算方式，降低学生考试负担

为了让形成性评价的结果落到实处，需改变以总结性评价为主，"一张考卷定优劣"的传统评价方式。为了让学生真正认识到功夫在平时的重要性，教师必须自觉探索并运用综合评价方式（即对评价对象进行完整、系统的评价）对学生俄语期末成绩进行核算。学生期末成绩评定构成如下：

（1）学生平时成绩占期末成绩的20%：学生本学期所有月份成绩的平均分×20%。

（2）单词竞赛成绩占期末成绩的15%=每学期两次单词竞赛成绩的平均分×15%。

（3）口语测试成绩占期末成绩的15%=期末口语测试成绩×15%。

（4）期中卷面成绩占期末成绩的25%=期中考试卷面成绩×25%。

（5）期末卷面成绩占期末成绩的25%=期末考试卷面成绩×25%。

这种成绩核算方式能相对客观地反映学生整个学期的学习过程和效果。心理素质差的学生不会因为一次考试影响整个期末评定，平时对待学习不认真的学生也不会因为一次考试抄袭成功，实现期末成绩评定的大逆转。让学生从心里认识到只有珍惜每堂课，只有认真完成每项作业，只有脚踏实地过好每一天，才是考试无往不利的制胜法宝，勤奋刻苦是学业有成的唯一捷径。

俄语是一门实践性课程，以不同级别作为评价框架，倡导关注学生终身发展的评价体系和多元的评价方式，坚持形成性评价和终结性评价相结合，摒弃传统单一评价方式，积极探索动态的、发展的、综合的评价方式，是真正通过让教学评价完成检查学生学习效果，促进学生全面发展，反馈教学过程的不足，强化矫正教与学的效果的任务。

三、反馈修正阶段

教学设计其实是一个连续的，不断改进和提高的过程。它构思于课前，展开于课堂，

调整于过程，完善于课后，环环相扣，动态发展。由此可见，反思是修正、完善教学设计有效性的必要环节。

（一）教学效果、学习效果的及时反馈

下课铃声只能代表教学时间的终结，并不是一节课的句号。课下对学生的学习效果进行动态监测和检验依然是教师的教学任务，只是这项任务的完成有延时的特性。它有时会延伸到下次课，抑或延伸至整个单元或整个学期结束。

实际教学中教师多采用以下途径了解教学效果和学习效果：（1）通过课堂提问、师生对答或生生对答；（2）课堂活动时的巡视观察；（3）批改课后作业时发现的问题；（4）课外有意、无意地和学生交流；（5）通过教务科定期举行的调查问卷或学生座谈中反映出的学生意见反馈。

教师只要把了解到的学生意见、要求加以分析思考，就可以轻松掌握学生的学习情况，以此作为指导今后教学的依据。

（二）教学反思的实际意义

教师的专业成长的另一个重要途径是进行教学反思，教师对自己的教学进行反思有助于提高自身的教学能力。反思是理论与实践之间的对话，是二者之间相互沟通的桥梁。

教学反思对每一位一线教师都不会陌生，书写教学反思也是每位教师课后必做的功课，但真正把教学反思落到实处的可能寥寥无几。

笔者理解的教学反思是教师结合自己的实践经验和学生的课堂反应，对已经发生的教学行为进行全方位深层次思考的过程。一般来说，教学反思应该具有以下几个特点：

1.针对性

教学反思可以是对课堂教学的某个环节进行思索，也可以围绕整个教学设计进行反思，虽没有一定之规，但一定要有明确的针对性。

2.指导性

教学反思就是对本次教学中存在的不足之处自觉地进行调整、改进，对闪光之处及时记录、积累，力求在今后的教学实践中精益求精，继续发扬的过程，因此具有极强的指导意义。

3.反复性

有人认为教学反思通常是此时此景下的有感而发，有一定的随机性。其实不然，针对一个教学设计的反思不应当是一次性的。一个优秀的反思者应当是每隔一段时间重新翻看教案，或重新回忆当时的教学情境，依然能从中查找不足，发现亮点。反思的层面也是透过某种现象，逐渐发现某些本质的东西，以此达到不断提高个人教学能力和理论水平的目的。

4.有效性

实际工作中很多老师认为教学反思就是教案上的检查项目，除了多些墨水外，没有任何实际意义。因此，很多老师往往浮皮潦草，应付了事。笔者建议教学管理部门可以取消教学反思的考核功能，还其本来面目。让它真正成为教师的有感而发，实在没有也不必无病呻吟。真正做到只要进行反思就能言之有物，言之有理，言之有用。

俄语教学设计是一个动态的、复杂的系统工程，需要教师为此付出艰辛的努力，当你发现学生在你精心设计的课堂上体验到学习的快乐，呈现出张张笑脸时，你会忘记一切辛苦疲惫，沉浸在只有教师才能体会到的满足中。

第四节　俄语教学设计的侧重点与基本原则

一、俄语教学设计的侧重点

正所谓"教学有法，教无定法"，这话对教学设计也同样适用。虽然在教学设计时要有章可循，有法可依，但也不必拘泥于固定的模式和套路。每一个出色的教学设计都应该根据不同情况，有一定的设计重点和亮点，让人耳目一新。以下列举一些高校俄语教学设计中不容忽视的侧重点。

（一）根据不同学习阶段的教学设计侧重点

不同学习阶段的学生认知水平、思维方式大相径庭。因此，教师在进行教学设计时应充分考虑学生的学段年龄特点，因材施教，制定合理的教学策略。

1.针对俄语入门阶段的学生，注重激发学习兴趣

对于那些初次接触俄语的初学者来说，降低学习难度，培养和保持他们学习俄语的兴趣和热情，远比一股脑传授给他们多少知识要重要。缺少学习兴趣的学习活动，就如失去马达的汽车，即使添加再多的能源，也不会产生工作效率。兴趣就是学生学习的原动力，只有通过兴趣才能轻松找到学习的方法和技巧。

据此，教师在俄语入门阶段的教学活动中应多采用游戏教学法、直观教学法等教学策略。通过学生的踊跃参与，或者实物、图片、音频、视频的多感官刺激，让学生流连于课堂，在做中学，在乐中学，让学生获得必要的知识，学会应有的技能。

2.面向系统学习阶段的学生，注意知识迁移整合

通常，进入俄语系统学习阶段的学生已具备了基本知识技能，掌握了一定的学习方法、策略。因此，他们的主要任务是：在有限的求学生涯中，最大限度地完成知识的原始积累以及技能的熟练应用。

因此，在面向俄语系统学习阶段学生的教学设计中，教师应注重已知和未知的内在联系，利用迁移、对比等方法，让学生温故知新，借容易解疑难，通过知识的分割整理、条块管理、相似的发现总结，帮助学生降低学习难度，优化学习方法，提高学习效率，达到系统地掌握知识，具备终身学习的能力的目的，厚积薄发，为即将到来的职场生活做好知识和能力的储备。

在这个教学设计中，教师可以巧妙地运用迁移理论，这样可以成功地把教学难点化解为简单熟悉的知识，让学生瞬间觉得原来这些看起来极难的词组，不过是只伪装的"纸老虎"，一捅即破，既降低了学生的学习难度，又活跃了课堂气氛。

（二）根据不同教学内容的教学设计侧重点

内容决定形式，形式反作用于内容。教学内容不同，必然需要不同的教学设计。日常教学如果总是"旧瓶装新酒""以不变应万变"，我们就又回到传统教学的老路上去了。结合教学内容，对症下药，选择最佳的教学模式，是极其必要也是必需的。

1.自学—指导模式

自学—指导模式，又叫"学导式"，是指教学活动以学生自学为主，教师指导贯穿学生自学始终的一种教学模式。在高校俄语教学中，该模式是进行单词的预习与运用，课文翻译梳理的最佳选择，教师通常会以小组讨论或合作学习的方式来组织教学。

2.任务—驱动模式

任务—驱动模式，又叫"目标教学"模式，是指以明确教学目标为导向，以教学评价为动力，以矫正、强化为活动核心，让绝大多数学生掌握教学内容的一种教学模式。在高校俄语教学中它多用于以单词记忆、句式套用、编写对话、阅读理解、听力训练为主要内容的教学中。教师可采用任务积分等激励的方式实施教学。

3.问题—探究模式

问题—探究模式，又叫"引导—发现"式，是指教学活动以问题为中心，学生在教师指导下通过发现问题，提出解决问题的方法并自己找到答案的一种教学模式。在高校俄语教学中它常用于问题讨论、语法知识的学习及词形变化规律的探寻。教师应尽量采用设问做教学铺垫，通过质疑完成教学推进。

4.情—知互促模式

情—知互促模式，又称"情境—陶冶式"，是指在教学活动中，创设一种情感和认知相互促进的教学环境，让学生在轻松愉快的教学气氛中既有效获得知识，又陶冶情感的一种教学模式。在高校俄语教学中此法特别适合句式、对话的讲授与演练。教师要做一个成功的情境设计者和导演，让学生跟随你的脚步，和上你的节拍，一同完成教学。

（三）根据不同学情、班情的教学设计侧重点

每个班集体由于学生性格特点不同，生活背景差异，班主任工作风格迥异，都会形成与众不同的班风学风。每个班级都是作为教学活动中独一无二的教学个体出现的，因此即使面对同一教学内容进行教学设计时，班级之间的"个体差异"也是不容忽视的。一定要避免"千人一面"的情况发生。所以教师要在保持基本的教学目标不变的情况下，应对不同班级量体裁衣，设计有效的教学活动。

针对沉稳内敛、缺乏个体表现欲的班级，尽量设计一些容易调动学生情绪，引发学生参与热情，又不太突出个人的教学活动，如单词接龙、传声筒、数字对对碰等方式。让那些羞于表现自己的学生，通过这些集体活动自然展现自己。让学生们在群体情绪的

感染下，释放自己隐藏的热情。

相反，针对气氛活跃、乐于个人表现的班级，则多开展一些教师易于掌控，重在个体参与的教学活动。因为这样的班级一旦开展情绪过于高涨的集体活动，课堂很可能会朝着教师无法掌控的方向发展，进而影响预期教学任务的完成。所以，诸如"一站到底""头脑风暴""我是大赢家"等相对平和的教学活动是上选。这些活动既能满足学生的表现欲，使其感受到大家的关注，体验参与的乐趣，又能做到教师收放自如，灵活控制，一举两得。

简言之，无论哪种情况的教学设计，都应该围绕"教师为主导，学生为主体，训练为主线"的宗旨来开展，唯有如此才能让千变万化的教学设计不脱离教学设计的本质。

二、俄语教学设计的基本原则

教学设计是教学工作的基本环节，是连接教学理论和教学实践的桥梁。课堂教学设计是教学设计中最基本的内容，它直接作用于课堂教学，决定着课堂教学效果的优劣。俗话说：凡事预则立，不预则废。为了使课堂教学真正实现教学最优化，保证课堂教学活动获得最佳效果，在课堂教学设计中应遵循以下几点原则：

（一）针对性原则

教学设计的根本目的是解决教学实际问题。查尔斯 M.赖格卢特（Charles M. Reigeluth）在《教学设计是什么及为什么如是说》一文中指出："教学设计是一门涉及理解与改进教学过程的学科。任何设计活动的宗旨都是提出达到预期目的最优途径，因此教学设计主要是关于提出最优教学方法的处方的一门学科，这些最优的教学方法能使学生的知识和技能发生预期的变化。"

由此可见，教学设计过程中的任何教学行为都不是突兀出现的，而是针对某一教学内容或强化活动的有的放矢，如通过单词接龙的游戏达到熟记单词的目的；借助录音的播放完成对学生听力水平的训练等。因此，教师在进行教学设计时，应充分分析教学内容，了解学情，寻找易操作的好控制的教学活动。并对这些教学活动效果做一些预设，明确活动目的，才能依托这些最优的活动行为使学生的知识技能发生预期变化。

（二）双向性原则

教学是师生共同完成预设任务的双边统一活动，是主导与主体的有机结合，既要发挥教师才能，又要开发学生智力，是传授和学习的联结。教学设计就是对教师、学生共同创造性活动的设计，是"教法"和"学法"的双向设计。

由此可见，现代教学设计观念已经不是传统的教案书写和教师的课堂讲授，而是在顺利实施教学内容的同时，培养学生的学习能力，开发学生的智力。因此，在进行教学设计时，不仅要考虑到教师如何教，还要在认真分析学生认知水平和学习状态的情况下引导学生如何学，如何采取有效措施不仅让学生学，还要尽量让他们学会和运用这些知识。因此，教学设计应是"教"和"学"的双向设计，是二者的完美契合，是完成传授知识、开发智力、培养能力三位一体目标的有效途径。

（三）多元化原则

任何一个教学实施的过程，都会或多或少、或简单或复杂地使用到一些教具，可以将这些教具称之为教学媒介。外语教学中比较传统的教学媒介主要有单词卡片、挂图，还有一些实物等。随着科技的进步，教学媒介"家族"也增添了许多新成员，如音频、视频、影音资料等。毋庸置疑，教师合理、恰当地使用教学媒介一定会为自己的课堂教学增光添彩，从而达到事半功倍的效果。

但在教学设计环节，一定要考虑教学媒介使用的多元组合原则，即在教学媒介使用时互相组合，取长补短，达到教学实施的最优化。原因有二：（1）无论是那些经久不衰的传统教具，还是与时俱进的教学"新贵"，都具有自己独特的功能特性，又不可避免地存在不足和缺陷；（2）如果整堂课都使用一种教学媒介，四十分钟下来学生势必会感到审美疲劳，容易在后半程形成沉闷枯燥的局面，违背了使用教学媒介是为了激发学生兴趣的初衷。

简言之，我们在进行俄语课堂教学设计时只有具备系统的知识，遵循科学的方法，合理规划、统筹各个教学步骤和环节，才能使我们的课堂变得更加高效。

第四章　俄语教学中的文化探讨

第一节　俄语词汇的文化意义

语言一般由语音、语法及词汇三大系统构成。其中词汇属于最活跃的系统，是学习语言的基础，而对词义的理解、掌握和运用是词汇学习的关键。由于各文化之间的差异，不同语言表达的意义系统是不同的，也就是说意义系统是因文化而异的。

一、词

（一）词的内涵

人们依靠自身的语言经验和语言直觉可以毫不费劲地辨认出词来。词就像建筑房屋中所用的砖块一样，是造句时现成的材料。对运用语言的人来说，词是语言中最易接近的单位。可是，辨认词是一回事，给词下定义却是另一回事。即使是最有经验的语言学家也很难给词下一个明白无误的、适用于世界上任何一种语言的定义。戴维·克里斯特尔（David Crystal）曾经说过，"我们怎样知道哪些是词？语言学家进行了长期探索，试图设计出可行的标准，但还没有一个完全成功的。"因此，语言学家对词下定义时说法不一，措辞不同，但涉及的基本内容不外乎是音和义的问题。有的说，词是语音和意义的统一体，语音是词的物质外壳，意义是词的物质内容。有的认为，词具有固定的语音形式，代表一定的意义，属于一定的语法范畴，体现一定的句法功能。我国著名语言学家王力认为"词是语言中的最小意义单位"。

词不仅是基本的词汇单位，也是语法的基本单位。词是语言中最小的能够独立运用的音义结合体，在交际中可以独立用来构成词组和句子，这是词最主要的功能。语法无论是句法还是词法，都以词为必要的基础，离开词，语法结构就无从谈起。因此，人类语言有时被称为"词的语言"。

词是有固定意义的。词是由音或字母构成的，可是又完全不同于音或字母，因为词是有意义的，而音或字母是无意义的。词的意义既可以是某种概念内容（包括事物、动作和性质等），也可以是某种关系（如"的"表示修饰限制，"和"表示并列，"但是"表示转折等），还可以是表示说话人的语气或感情态度等（如"吗"表示疑问，"唉"表示叹气等）。

从结构上来说，词是由语素构成的，所以词是词法的单位；从功能上来说，词是用来造句的（包括组成词组和句子），所以词又是句法的单位。词既是词汇单位，也是语法单位，其语法作用就是用来构成词组和句子。词可以从内部来研究其构成和变化的规律，也可以从外部来研究它在词组和句子中的作用，前者属于词法部分，后者属于句法部分。所以词既是词法研究的对象，也是句法研究的对象。它具有相对稳定、不可拆分和不可预测等特性。

（二）词的类型

1.语法词和词汇词

语法词指的是主要参与词组、小句、复合小句，甚至语篇的构建的一类词，包括连接词、前置词、代词等。而词汇词主要用于指称物质、动作和性质的这一类词，包括名词、动词、形容词和副词等。据此，词汇词承载了主语的主要内容，而语法词则负责把不同的内容片段连接起来。所以词汇词又叫"实义词"，语法词又叫"功能词"。

2.低频词、中频词与高频词

语言的整个词汇系统数量庞大，但它们在日常交际中出现的频率是不同的。有一些词在人们的交际中经常出现，使用频率很高，可以叫高频词。高频词以外的词统称作一般词，包括有些很少被用到、出现频率很低的低频词，还有复现频率居于高频词和低频词之间的中频词。区分词的使用频率对语言教学特别是外语教学有很高的参考价值，在语言文字信息处理方面也非常有用。因此，高频词的研究日益受到重视。

词的使用频率又叫词频，一般采用统计的方法确定。计算机的帮助使得词频统计变得更加容易也更加客观、准确。词频统计有两种方法：一种是先确定一定数量的词，然后看它们在语料中所占的比率。一般说来，比率能达到75%～80%的就是高频词。另一种是先确定一批语料，然后按照复现次数的高低选取其中一定数量的词。汉语按照后一种方法统计的高频词大约是3000个，排在前面的有：的、了、是、一、不、在、有、我、个、他、就、着、上等。还有统计表明，现代汉语最常用的2000个和4000个词在话语中的复现率可以达到80%和90%，其中前100个词就占了50%的使用度。2000个高频词在各种语言中的使用度出入不大，英语约占78%，俄语约占80%。

3.词类

词类即通过分析词在语言中的不同的语法特征、语义特征和音系特征，或者根据词在形式上的相似性，如曲折变化和分布，来对词进行分组分类。这种方法近似于传统语法中的"词类"概念。而传统的词类划分最初见于拉丁语和希腊语的语法分析。但当时只划分为两类，相当于今天的主语和谓语。后来，俄语一共建立了十个词类，包括名词、形容词、代词、数词、动词、副词、前置词、连接词、语气词、感叹词。前六个是实词，接下来三个是虚词，最后一个感叹词既不属于实词也不属于虚词。实词又可以进一步分为：称名词和指代词、静词和动词、基本词类和非基本词类。

二、词汇

词汇，又称语汇，是一种语言里所有的（或特定范围的）词和固定短语的总和。词汇还可以指某一个人或某一作品所用的词和固定短语的总和。固定短语（也叫固定词组）是词与词的固定组合，有三种情况：第一种是几个词组合起来共同表示一个概念。如"商品经济"由两个词组成，"中华人民共和国"由三个词组成，"获得性免疫力缺损综合征"由四个词组成。第二种是成语、惯用语。第三种是谚语、格言。

词汇作为语言学术语，是指特定的集合概念，即词和语的总汇。词汇是词的集合体，词汇和词之间的关系是总体与个体之间的关系，好比树林和树的关系。因此，它只能指一种语言中全部词和语的整体、集合体，而不能用来指称一个一个的词或语。

首先，词汇的音义关系既有任意性，又有理据性。语言符号的音义关系是任意的，也就是说用什么声音代表什么意义是由使用这种语言的全体成员约定俗成的，它们之间没有必然的联系。但是，语言中也有一部分词语，它们音义之间的关系却是有理据性的，是可以论证的。例如，有些拟声词、同源词和复合词就是这样。

其次，词汇具有活跃性与稳定性。词汇是语言的几个要素中最为活跃的部分。在词汇与社会生活的关系更加密切时，社会生活的发展变化都会很快反映到词汇中。旧的事物现象消失了，反映它的词语也会随之消失；新的事物现象出现了，语言必然会创造新词语来记录和反映它。这种变化更迭的速度惊人之快。可以说，社会发展变化越快，词汇的发展变化也就越快。但是，词汇的变化也不是无任何限制的。毕竟词汇作为语言这个交际工具的一个要素，要受到语言社团成员的规约，新词的增加、旧词的消亡都是渐进的，不能一蹴而就，而且变化的只是词汇系统中的一小部分，绝大多数的词语千百年来是稳固不变的，这才能保证交际顺利进行。此外，语言的约定俗成的特性，也使得词汇不能任意改变。

最后，词汇对现实现象的反映既有普遍性，又有民族性。客观世界中只要存在某种现象，就会形成某种概念，于是人们就会用某个相应的词语来反映它、记录它。所有的语言都是这样，这就是词汇的普遍性。例如，客观世界中有山水、日月、人类等，所以无论哪种语言都会有反映这些现象、概念的词语。但词语对概念的反映在不同的语言中又存在着明显的差异，就是说，词语往往会反映各民族对客观现实的独特认识，这就是词汇的民族性。词汇的普遍性和民族性是既对立又统一的：普遍性反映了各种语言在词汇上的共性、一致性，民族性则反映了各种语言在词汇上的个性、特殊性。

三、基本词汇与一般词汇

词汇是语言的建筑材料库，是语言中词和固定词组的总汇，是一个有机的整体，成员与成员是互相联系、互相制约、互相对立，从而构成一个系统的。每一种语言的词汇都各自成为一个系统，在每一种语言系统中，词汇成员根据不同的关系形成不同的聚合，由此，词汇可以分为不同的类聚。按照词在词汇系统中的不同地位和作用，可以把语言中的词分为基本词汇和一般词汇。

斯大林在发表的《马克思主义和语言学问题》一文中，提出了基本词汇的概念："语言的词汇中的主要东西就是基本词汇，其中包括所有的根词，成为基本词汇的核心。基本词汇是比语言的词汇窄小得多的，可是它的生命却长久得多，它在千百年的长时期中生存着并给语言构成新词的基础。""语言的文法构造和基本词汇是语言的基础，是语言特点的本质。"斯大林还认为基本词汇是语言中最稳定的词汇群体，一般不容易消亡和被替代，具有全民性、稳定性、常用性、多用性和能产性等特点。不难设想，没有基本词汇是不会有语言词汇的。所以斯大林认为，假若把千百年积累起来的基本词汇消灭掉了，又不可能在很短时间内创造新的基本词汇，那就会使语言瘫痪，使人们完全丧失相互交际的可能。因此，被斯大林提出来的语言的基本词汇的思想成为世界上进步的语言学者探索各个民族语言的指南针。在词汇系统中，基本词汇标志着与人们世世代代的日常生活有密切关系的事物或现象。虽然基本词汇具有很大的稳定性，但也不是一成不变的，只是相对于一般词汇的变化略慢一些而已。

词汇中，基本词汇以外的词汇称为一般词汇。同基本词汇相比，一般词汇的主要特点为：第一，非全民常用性。一般词汇往往不是全民常用，或者在某一时期内虽具有全民常用性，但较易产生变动，没有基本词汇那样稳固。第二，发展变化快。社会的各种变化首先都会在一般词汇中得到反映。所以，一般词汇所涉及的范围广、数量大、成分杂、变化快。第三，构词能力弱。一般词汇中的词大多数是由基本词通过派生或复合的形式再造出来的，所以一般很难再利用构词法造出新词来。

基本词汇和一般词汇是两种不同的词汇，但在词汇系统中，二者又密切联系，互相作用，互为依存。词汇的整体性就体现在基本词汇和一般词汇的内在联系上。

首先，基本词汇是语言词汇发展的基础，利用原有构词材料和构词规则构成的新词也不能脱离基本词汇，离开了基本词汇，词汇的发展是不可想象的。可见，一般词汇的产生离不开基本词汇，基本词汇是一般词汇丰富发展的基础。

其次，基本词汇在词汇系统中起核心、纽带作用。由一个基本词派生出来的几个一般词之间，在词义上总是有相通的地方。

再次，基本词汇是语言词汇中主要的东西，是词汇中稳定的部分。而一般词汇是词汇中流动的部分，它随着社会的发展变化而迅速得到丰富和充实。由于基本词汇的稳固性，虽然语言不断地变化和日趋完善，但它仍然是同时代乃至几个时代人们能够方便运用的交际工具。由于一般词汇的日益丰富，语言才能不断满足人们日益增长的交际需要。

最后，基本词汇和一般词汇在其发展过程中可以互相转化。由于种种原因，有的基本词在发展的道路上失去其原有的特性，由基本词汇转化为非基本词汇，从而进入到一般词汇。例如，"录音机""电报"等当初都是基本词汇，现在已经转化为一般词汇了。同样，一般词汇在其发展过程中也可能转化为基本词汇，它是充实基本词汇的生力军。"电视""电脑"在产生之初是一般词汇，可今天却成了表达社会中主要事物的基本词汇。当然，有些词也可能处在转化的过程中一时还难以确定是属于基本词汇还是一般词汇。基本词汇与一般词汇相互转化的现象告诉我们，词在词汇系统中的地位、作用不是一成不变的。

认识基本词汇和一般词汇的关系，研究基本词汇和一般词汇的区分，对弄清语言的历史，进行语言教学都有积极的作用。基本词汇是语言词汇的核心，使用频率高，构词能力强。一般词汇中大量的词都是在基本词汇的基础上产生的。所以，学习一种语言，首先应该学习它的基本词汇，牢固掌握基本词汇。

四、俄语词汇的文化伴随意义

在俄语词汇的语义中，除本身词汇意义之外，那些反映俄罗斯文化的语义，称为词汇的文化伴随意义。词语的文化伴随意义是语言研究的主要内容之一，也就是说，离开了特定的民族文化背景，词语的象征就无法理解。

（一）俄语文化伴随意义词汇的分类

俄罗斯词汇包括词、熟语和格言。学习俄语实际上主要是通过学习其词汇来完成。俄语词汇最能反映俄罗斯民族文化的特点。注意词义中的文化因素，对词汇教学乃至一种语言的学习和运用会有很大帮助。因此，在学习俄语词汇的过程中，我们必须同时学习和掌握除语言形式（语音、语法）之外的语言内涵，即俄语词汇的文化伴随意义。

具有文化伴随意义的词汇，通常是指两种或两种以上语言中指称意义相同的中性词，但在一定的民族文化领域又具有特殊的感情评价意义和文化历史联想。根据俄语词汇在民族文化上的近似和差异程度，从汉俄词汇对比的角度出发，将俄语中反映民族文化特点、具有文化伴随意义的词汇分成三类。

第一类：文化伴随意义基本等值的词汇。这一类词汇在俄语语言国情学中称为对应词汇，它们在两种语言中可作等值互译，文化伴随意义上的差异不明显。俄语中的**красный**、**белый**、**правый**除了其称名功能外，还具有一定的社会政治意义，表示敌我军事力量、左右政治派或政治倾向，这和汉语中的对应词基本相同。

第二类：仅在一种语言中具有文化伴随意义的词汇。这类词应需要特别关注。在语言交际、阅读俄罗斯文学作品时，我们常会碰到一些理解上的障碍，甚至引起概念上的模糊，究其原因是对所学语言国的民族文化了解不够，如俄语中的 шляпа，除了表示"帽子"这个基本词义外，还有其特殊的文化伴随意义，喻指"萎靡不振、无能的人"，而在汉语中，"帽子"这个词怎么也不会引起上述联想。

第三类：文化伴随意义不同或截然相反的词汇。这类词汇，在汉俄两种文化中，字面上完全等值，但含义不同，各自能引起不同的联想。概念相同的词语在一种文化中会引起形象生动的联想，而在另一种文化里会引起完全相反的联想。

鉴于语言和文化之间相互依存的关系，跨文化交际者不仅要掌握两种语言，还要熟悉两种语言所包含的社会文化，只有这样，他才能在跨文化交际环境中对词语的文化伴随意义具有"社会语言学上的敏感性"，迅速地从词语的字面意义获取其文化伴随意义。从这个意义上说，词汇文化伴随意义的获取主要取决于交际者是否熟练地掌握交际中所使用的语言与该语言本族语群体所共享的社会文化知识。

（二）俄语词汇

1.源于联想

所谓联想是指在人的思维活动中由一事物想到另一事物的心理活动,是词汇文化伴随意义产生和使用的心理学基础。事实上许多词汇的文化伴随意义便是源于对某一事物的特征产生联想引申而来的。

在现实生活中,人们在思维和交际的过程中,经常会对事物和现象进行比较和联想,对具体的形态、习性等特征构成联想,进而赋予其文化伴随意义,成为词汇意义结构的一部分,如变色龙是一种表皮下有多种色素块,能根据不同的环境改变保护色的动物。在汉俄两种语言中都可以指善于变化、伪装的人,可引起卑鄙无耻、可恶、可恨一类的联想。契诃夫笔下的《变色龙》描写的就是一个见风使舵、卑鄙无耻的人。

汉俄民族由于特有的思维模式、生活习惯和社会文化心理等,因此两民族都有独特的联想思维,词汇的文化伴随意义也必然有明显的民族特点。从思维模式来看,汉族的思维模式是以观物取象为基本特点的,常常以实的形式表达虚的概念,以具体形象表达抽象内容,注重横向联系和定向把握。俄罗斯民族的思维模式则偏向机械的、微观分解的,注重纵向深入和定性分析。

在汉俄两种不同的语言中,有时字面上完全等值的词汇,由于思维模式的差异,产生联想的基础不同，进而赋予的文化伴随意义也往往不一样。同一事物在一种语言里会引起生动形象的联想，而在另一种语言里可能不会产生同样的效果，甚至会引起相反的联想。但也存在着某些方面的不谋而合。

从生活习俗和社会文化心理来看，汉俄民族也存在着差异。生活习俗和社会文化心理不同影响着词汇在本民族文化观念中的地位。哪些词被赋予了较多的文化伴随意义，就意味着这些词对民族文化比较重要。但文化伴随意义的获得受文化背景制约。从汉俄对比的角度来看，则表现为以下两个方面。

一方面，不同的事物，由于相同的使用目的，其文化伴随意义相同或相似，如汉民族自古是以农业为主的民族，人们的生产及经营活动主要依附土地，反映在语言上自然是以耕作为主的人和物作比喻的多。"牛"在悠久的中国农业历史中一直作为主要的农耕工具。因此，人们对"牛"容易产生联想并赋予其许多文化伴随意义：健壮（如壮如牛）、力大（如牛劲）、踏实肯干、任劳任怨（如老黄牛）、能吃（如牛一般胃口）。而在俄罗斯，俄罗斯民族一向重视畜牧业，以游牧为主的生活方式决定了"马"（конь，лошадь）在古代西方作为使役工具的作用。因此，在俄语里，"马"被赋予了"牛"全部的文化伴随意义，如表示"强壮"用 лошадиное здоровье，"踏实肯干、任劳任怨"用 рабочая лошадка 来表达等。

另一方面，相同事物，仅一种语言中有文化伴随意义，如俄罗斯文化为西方文化的一个重要组成部分，长期以来深受古希腊、罗马神话和基督教文化的影响，这些民族文化给俄语提供了许多容易使人产生联想进而赋予文化伴随意义的词汇。"羊"便是其中之一。"山羊"在俄语中有两个文化伴随意义：（1）劣等的人，劣等物质；（2）坏人，色魔，淫荡的人。而山羊对汉民族来说，只是一种动物，不会引起任何联想。

2.源于语言的指示意义

语言的指示意义指所指对象完全取决于说话的语境，借助这些语境才能理解。这包括说话人和听话人所处的社会文化背景，也就是说上下文语境或听话人和说话人的社会文化背景会影响语言的理解。

联想赋予了词汇文化伴随意义，使词汇的信息量增大，语义增强。然而，文化伴随意义的使用又使得实际的语言文化交际呈现复杂性，即当文化伴随意义进入句子后，它便和相应成分发生联系，如"在工人们眼里，老厂长就是慈祥的父亲。"句中的"父亲"自然不是概念意义上的父亲，厂长和工人们并不构成"父子关系"，只有通过"工厂—厂长—父亲"的文化伴随意义（亲切，可接近，严格要求）的联想才能理解。

从汉俄对比的角度来看，俄语的词汇文化伴随意义较之汉语的来说，对上下文的依赖性较强，独立性较差。这是因为俄语是一种适应性、可塑性较强的语言，词义比较灵活，词义的含义范围比较宽，比较丰富，必须依赖上下文才能正确理解。而汉语用词讲求词义精确、规范、严谨，词义比较精确固定，词义的伸缩性和对上下文的依赖性较小，独立性较大。例如：汉语"星"除了本意，有时也可用来比喻有名的艺人与体育健儿，如"歌坛新星""体坛明星"。但俄语中的 звезда 除"星"这一概念意义之外，还有其文化伴随意义，如 звездная болень（负有盛名而高傲自负的毛病），而汉语中则没有此种意义。

3.源于词义的演变和发展

汉俄词汇中，都有不少由词义的演变和发展引起的文化伴随意义，这些文化伴随意义如果使用得多了，就会渐渐为社会所接受，成为约定的词义。但是，由于文化传统的差异，汉俄这些词汇的文化伴随意义的产生方式，往往也存在着差异，它通过引申、比喻、夸大等手段寓新义于旧词之中。

总之，汉俄词汇的文化伴随意义异同兼有，但异多同少。学习俄语词汇要注重词汇的社会文化背景并作深层、动态分析，不能只停留在表面、静态分析上，只有这样，才能有说服力地揭示俄语的特点，深刻牢固地掌握俄语词汇。

五、俄语词汇中动物的文化意义

汉俄两族人民由于生活习惯、思想观念、社会风俗的不同，因此在动物身上赋予了不同程度、色彩的文化伴随意义。

（一）汉、俄语中文化伴随意义相似的动物

狗（собака）在汉、俄语中具有相同的双重文化伴随意义。一方面，狗代表忠诚、忠贞不渝，俄语中有"собака человеку неизменный друг"（狗是人的不变心的朋友）。汉语中也有类似的说法，如"狗是人类忠实的朋友""狗通人性"。另一方面，狗常用来比喻供人奴役、卑躬屈膝，帮人做坏事的奴才。在汉语中有"狗仗人势""人模狗样""狗腿子"等说法，俄语中的 пёс（狗、公狗）、сука（母狗）具有负面意义，пёс

比喻爪牙、走狗；сука 用作骂人的话，译为混蛋。

蛇（змея）在汉、俄语中都有"阴险、狡诈、歹毒"的文化伴随意义。汉语中，带"蛇"字的谚语和歇后语无一例外地表明了蛇的可恶可憎形象。俄语中同样有类似的说法，如有"хитрый，как змея"（像蛇一样狡猾）等。

狐狸在汉、俄语中都具有"狡猾、阿谀奉承"的文化伴随意义。俄语中如"лиса ссмсрых волков провсдст"（一只狐狸能骗过七只狼）。汉语中有"狐朋狗友""狐假虎威"等，常用"老狐狸"来比喻某个人的人狡猾。俄罗斯人对狐狸也有一丝好感，会在名字中使用，如"лисичка-сестричка"（狐狸大姐）。在汉语中，狐狸被赋予一种特殊的感情色彩，如"狐狸能够修炼成仙"等。

马（конь）在汉、俄语中都具有强健、力大、纵横驰骋的文化伴随意义。马在古代是一种重要的交通工具，在日常生活中，马不仅可以乘骑，还可以用于拉车、耕地。"老马"在汉、俄语中都具有富有经验的文化伴随意义，如俄语中有"старый конь борозды не испортит"（老马不踩犁沟），汉语中有"老马识途"。俄语中以马作为形象所构成的成语多与"忠诚、勤劳、刻苦"等品质有关，如"рабочая лошадь"（勤劳的人，老黄牛），"ломовая лошадь"（拉大车的马，驯服的，干苦活的人）。汉语中由马构成的成语相当普遍，如"快马加鞭""天马行空""马到成功"等。

此外，文化伴随意义相似的还有驴（осёл），羊（баран）、鼠（мышь）、鹰（орёл）、鸽子（голубь）等。

（二）汉、俄语中文化伴随意义不同的动物

猫（кошка）是大多数俄罗斯人十分喜欢的宠物，也可以说猫几乎是俄罗斯家庭的一员，享受着家庭成员的待遇。"猫"是俄罗斯文化中的"宠物"。正如中国的"龙文化"一样象征着吉祥或者王权，猫在俄罗斯人民中是家庭幸福的象征。因此，俄罗斯人常常把猫的行为与他们的日常生活联系起来，并以此来预言将来的事情。每当乔迁新居时，按传统习惯让猫先跑进新居，意味着给新居带来了幸福；如猫往身上靠，意味着人会有新衣服穿；猫洗脸，表示客人到；抱起猫朝门外扔，假如猫离门跑开，那么将来客人，假如猫待在那不走，来的则必是穷人；等等。另外，在俄罗斯人眼中猫是家的忠实守护者，有谚语为证："кошка да баба в избе，мужик да собака на дворе"（猫和婆娘守家，狗和爷们在外）。而汉语中的"猫"却常常象征着"懒惰、奸诈"，如俗语"猫

是奸臣、狗是忠臣""狗比猫通人性""对猫来说，有奶便是娘"。

熊（медведь）在汉、俄语中有共同的象征——"头脑简单、笨拙的人"。除此之外，"熊"在俄罗斯中具有"体态笨重、心地善良、嗜好甜食"的文化伴随意义，象征着"心地善良的主人""未婚夫"。同时，熊也是力量的象征，代表"力大无比"。古俄时，人们认为熊原为人，有人的特征，如可直立，眼似人，喜食蜜和酒等，因而对熊特别敬畏。在俄罗斯有不少由 медведь 构成的姓，如 медведев 等。俄罗斯的民族图腾就是熊，一方面它象征着力量、勇敢、俄罗斯汉子、俄罗斯森林的主人；另一方面指笨拙和懒惰等。熊在俄语中还常常泛指"俄罗斯人"。而汉语中的熊主要指"愚笨"。

兔子（заяц）在俄语中有着负面的文化伴随意义，被认为是鬼怪和邪恶的象征。在俄语口语中 заяц 指"不买票乘车或看戏的人"，且常用兔子来比喻胆小的人。在汉语中兔子具有"纯洁、可爱、善良"的文化伴随意义。

喜鹊（сорока）在俄罗斯人的心目中引起的联想是"搬弄是非，爱嚼舌，传播小道消息，贼"。而在汉语中喜鹊有"喜庆、吉祥"的文化伴随意义，提起"喜鹊"在中国人心目中引起的联想就是"喜事临门"。

此外，鹤（журавль）对俄罗斯人来讲，是忠诚祖国的象征，他们认为每年秋天鹤成群结队地飞走，啼叫声悲切，流露出对家乡的依恋，对祖国的思念，也常常象征着春天。而汉语中"鹤"在中国人的观念中都是延年益寿的象征。猫头鹰（сова）在俄语中是智慧的象征，在汉语中却是黑暗势力的象征，等等。

（三）仅在一种语言中具有文化伴随意义的动物

只在俄语中有文化伴随意义的动物，如甲虫（жук），除了基本词义外，还表示孤僻的人；鹅（гусь）指不讲信用的人；鲸（кит）指主要人物、台柱子。汉语中则没有这些文化伴随意义。

只在汉语中有文化伴随意义的动物，如虎（тигр）在汉语中，一方面形容"勇猛威武"，如"虎将""虎劲""虎威"等；另一方面又表示"凶狠残暴"，如"虎口脱险""虎口拔牙"等。而在俄罗斯文化中，"虎"不含这种文化伴随意义，与汉语中"虎"的文化伴随意义相似的为"熊"。

再如龙（дракон）和凤（феникс）。这两个动物是现实世界中不存在的动物，只在汉语中有文化伴随意义，反映了中华民族特有的文化和心理现象。"龙"在汉语中经常和吉祥的事物联系在一起，如"龙飞凤舞""龙凤呈祥""藏龙卧虎""生龙活虎"等。"凤凰"在我国古代传说中是指百鸟之王，含有祥瑞的意思，如"龙凤呈祥""攀龙附凤"。

还有一些动物的名词只在汉语中有文化伴随意义，汉语中"黄牛"常常是被比喻为任劳任怨、勤勤恳恳为人民服务的人；"井底青蛙"被比喻为见识浅薄、目光短浅的人；"绵羊"指顺从听话、无主见的人；"蚕"指忠心耿耿、勇于献身的人；"刺猬"指自高自大、碰不得的人；"臭虫"指令人生厌的人；等等。俄语中却没有这些意义。

六、俄语词汇中植物的文化意义

每个国家、每个民族都有自己喜欢的花草树木。牡丹是中国的国花，梅、兰、竹、菊深得中国文人墨客的喜欢。俄罗斯也有自己钟爱的花木。人们通过文学创作倾注对花木的情感、表达自己的愿望，随着文化和历史的积淀，这些花木便被打上了鲜明的民族文化烙印。

（一）菊花的文化意义

菊花在东西方人眼里所象征的意义截然不同。中国人用菊花象征不畏严寒、晚节高标的品格，如唐朝黄巢在其诗中写道："待到秋来九月八，我花开后百花杀，冲天香阵透长安，满城尽带黄金甲。"但俄罗斯人却用菊花来象征人生苦短和死亡。菊花以黄色居多，黄色在俄罗斯人看来是背叛、分手的象征，出于这些观念，人们很少用菊花装饰美化居室或馈赠亲朋好友，只在丧礼或祭祀亡灵时使用。

（二）丁香的文化意义

丁香（сирень）是俄罗斯人特别喜欢的一种花卉，曾被称为"俄罗斯贵族之花"，因为它开在贵族庄园。丁香对于俄罗斯人来说，是春天、欢乐与爱情的象征。在俄罗斯民间传说中有用丁香花来卜算爱情和幸福的说法：丁香花瓣一般有四瓣，如果遇到五瓣，就可以获得爱情和幸福；如果遇到三瓣，则代表不幸。因此，俄罗斯的姑娘们喜欢将五瓣的丁香形的小饰物戴在身上。丁香对于俄罗斯人来说又象征着忧伤和离别，这可能与丁香的紫色和容易枯萎有关。

（三）铃兰的文化意义

铃兰（ландыш）在俄罗斯的林间小道随处可见，也是俄罗斯人喜爱的花卉。关于铃兰的民间传说很多：有的说它是海公主沃尔霍娃的伤心之泪。传说海公主爱上了人间少年萨特阔，但少年却爱上原野和森林女神柳芭娃，凡是海公主泪水流过的地方都长出铃兰。还有的说它是少年兰兑施（铃兰的俄语音译）的伤心之泪。传说少年爱上了春姑娘，但春姑娘没过多久就移情别恋，将少年抛弃，于是少年的泪珠变成铃兰似的晶莹的小白花，心里流出的血将铃兰的果实染红。由此，铃兰成了纯洁爱情和忧伤的象征。同时，铃兰还有希望、纯洁、温柔和贞洁等文化伴随意义。在俄罗斯人眼里，铃兰还有帮助人们顺利处理各种事情和完成计划的神奇魔力。

（四）矢车菊的文化意义

矢车菊（василёк）在俄罗斯所蕴含的意义相当丰富。矢车菊含有不幸的爱情、依恋母亲和故土的文化伴随意义。传说瓦西里是一个勤劳英俊的少年，美人鱼爱上了他，希望他去海里，而他惦念年老体弱的母亲，希望美人鱼上岸来住，后来美人鱼施展魔法，将瓦西里变成蓝色的小花，打算在春水泛滥时，将他带到海里，而矢车菊的根牢牢抓住大地，不愿离开母亲。

矢车菊还有感恩的含义。这源于一个传说：麦田为了向上苍感恩，长出蓝得像苍穹一样的矢车菊，以示热情的问候。伊凡·安德烈耶维奇·克雷洛夫（Иван Андреевич Крылов）有一篇寓言诗《矢车菊》的主题就是知恩图报。在俄罗斯民间，矢车菊含有希望和生育的文化伴随意义，也有男女恋情的含义，有的诗歌把它喻为多情的女子。

（五）白桦的文化意义

白桦（берёза）在俄罗斯人眼中是一种神圣的树，深受俄罗斯人喜爱，最能激发他们美好的感情。第一，俄罗斯人认为，白桦是吉祥幸福的化身。人们习惯在民间悼亡节（复活节后第七个星期四）这一天将发芽的白桦种在房前屋后、插在田间地头，姑娘们头戴白桦树枝编的树冠，举行一系列的悼念活动来消灾辟邪，祈求幸福安康、丰收兴旺。第二，白桦在俄罗斯人的眼中是春天和爱情的信使，是纯洁、苗条少女的化身，喻指少妇或年轻的母亲。第三，俄罗斯人认为，白桦是祖国和故土的化身。

从古至今白桦与俄罗斯人的日常生活就有着紧密的联系：古时人们在白桦树皮上书写记事，这使俄罗斯璀璨的古代文化得以保存；洗蒸汽浴时白桦树笤帚是俄罗斯人最喜欢的洗澡工具；在春天，人们喜欢到森林去采集白桦树汁，作饮料喝；白桦树下是恋人们约会的地方，是他们爱情的见证……

（六）花楸树的文化意义

花楸树（рябина）在俄罗斯广袤的土地上随处可见。据统计，这种树在世界上约有80 个品种，在俄罗斯就有 34 种。俄罗斯人把它看作故乡和祖国的化身。花楸树在俄罗斯民间传说中具有更为神奇的魔力。由于花楸果的红亮颜色同闪电有相似之处，人们把花楸树枝当成雷神大锤的象征，用来驱鬼辟邪，也常把雷电之夜叫作花楸之夜。

（七）稠李的文化意义

稠李（черёмуха）在俄罗斯文化中是美丽和爱情的象征。诗人常将它喻为蓬松的白云和雪白得妙不可言的树木。稠李树下是情人约会的地方，稠李所表达的爱情是一种绵绵的柔情。谢尔盖·亚历山德罗维奇·叶赛宁（Сергей Александрович Есенин）在《请吻我吧……》中写道："在稠李充满柔情的沙沙声中，响起了一个甜蜜的声音：'我是你的'。"没有稠李的爱是一种没有柔情和甜蜜的爱，因此当俄罗斯小伙子向姑娘表达爱意时，常常向心爱的姑娘投去一把稠李枝。

（八）樱桃的文化意义

樱桃（вишня）花美果美，深受俄罗斯人的青睐，俄罗斯人把它看作美的化身，用樱红的颜色来比喻美人的红唇，面颊上的红晕，用圆圆透亮的樱桃比喻美人明亮的眼睛。诗人们在诗中把盛开的洁白的樱桃花比作白云，比作天鹅的绒毛和轻盈的雪花。由于樱桃树难栽，一般只有贵族庄园才有樱桃园。列夫·托尔斯泰在小说《幸福的家庭》中就有关于樱桃和樱桃园的描写；契诃夫有篇名剧《樱桃园》，其中荒芜败落的樱桃园象征着贵族庄园的败落。

七、俄语词汇中色彩的文化意义

同汉语一样，在俄语中，表示色彩的形容词除了直接表示相应的颜色外，还与一定的名词搭配形成了许多固定词组。这些词组往往不能仅按字面意思理解，而要在了解俄罗斯文化寓意的基础上加以理解。

（一）白色的文化意义

白色在汉、俄语中都有纯洁、清白的意思。但在汉民族文化中，白色常与死亡、丧事相联系。在俄罗斯，白色还象征天真、快乐，常联想到天上的神明和白昼。在古罗斯时代，"白色"象征自由、独立、高尚。与白色搭配的词组，如"белая ворона"字面意思是白乌鸦，实际指标新立异、与众不同的人；"белое золото"不是指"白金"，而是指棉花；"белое мясо"指鸡肉、小牛肉；"белый соус"指添加牛奶、酸奶油、面粉等；"белый свет"指世界、人间；"белый танец"指女方邀请男方的舞蹈；"белый уголь"指水能。

（二）黑色的文化意义

黑色在汉、俄语两种语言文化中的文化伴随意义大致相同，常代表死亡、悲哀。"黑色"组成的词组之义不难猜测："чёрная биржа"指黑市（进行非法交易的市场）；"чёрная волна"指被油污染的海水；"чёрная дорога"源自直义，指柏油路、沥青路；"чёрная кровь"指静脉血；"чёрное слово"指骂人话。

在成语俗语中黑色常与恐惧、愤怒为伴，基督教中恶魔和地狱是黑色的化身，因此祭祀的颜色是黑色的。大多数民族都反感黑色，这是生理因素造成的。黑天、黑暗、深坑、山洞、腐尸、烧焦的树、沼泽脏泥等都会引起人们的恐惧和厌恶。在古老民族的仪式和神话中，黑色是邪恶的象征，是嫉妒、凶恶、下流、私通的代名词，是邪恶和死亡的颜色。

（三）蓝色的文化意义

在语言发展初期，黑色与蓝色是没有区别的。在俄罗斯日常生活中，蓝色的地位特殊，具有神秘莫测的感觉。它与水有关，古代俄罗斯人认为，水中藏有与人为敌的邪恶势力。这是人们对神秘大海的直觉，这是一种对周围环境的迷茫和不知所措，完全丧失自我的感觉，在他们眼中水是一切。俄语中蓝色也是非理性的象征，古代人就把水当作一种与死亡和阴间有联系的物质。

在俄语中，表示蓝色的有 синий 和 голубой 两个单词，但它们所表示颜色的色调是有差别的。синий 有时被译为"青"，是介于紫色和绿色之间的颜色，在古代俄语里，它还可以表示紫红色、黑色，如"синяя косажа"（像烟一样黑）。从 синий 派生出来的 синяк（青伤痕、青紫斑）指的也是乌青、紫红之类的深色。现在还有用其表示黑色的用法，如 синий ворон（乌鸦）等。与 синий 有关的常见词组，如"синий чулок"（蓝袜子）指缺乏女人味，一心扑在研究上的"女学究"，是种蔑称；"синий мундир"与穿着有关，指宪兵（因穿蓝色制服而得的外号）；"синяя птица"则是传说中的青鸟，即幸福鸟，也是幸福的象征。

голубой 则是指浅蓝色、蔚蓝色或是天蓝色。它除了表示颜色以外，还可以指"美好的""令人憧憬的"，如"голубая птица"（幸福与爱情之鸟）、"голубая мечта"（美好的梦想）等。

（四）黄色的文化意义

黄色从古罗斯时代起就是神圣的颜色，它被看作凝固的太阳光，是上帝的化身。而且，黄色也是金子的颜色、秋天的颜色、成熟的谷子、枯萎的叶子的颜色，同时它也是死色、病色。在现代，黄色是吃醋、欺骗、背叛的象征。由黄色组成的词组，如"жёлтый билет"指旧俄的妓女身份证；"жёлтый дом"在口语中指精神病院；等等。

（五）绿色的文化意义

绿色，多是草与叶的颜色，在古罗斯时代绿色象征青春、希望、快乐、繁荣，有时代表青涩和幼稚。因此，俄罗斯人常用绿色形容苦闷，称盛怒中的人变绿了；同时绿色是大地的颜色，是生命的颜色。"绿色"组成的词组大部分源于它的直义。"zelёная олимпиада"指夏季奥运会；"zelёная таможня"指国家进口植物检疫所；"zelёный театр"指绿荫环绕的露天剧场；等等。

（六）红、紫色的文化意义

红色和紫色在拜占庭文化中有重要的地位，是皇帝专用色，只有皇帝才可以用紫墨水签字，只有皇帝才能坐红色的宝座，只有皇帝才可以穿红色或紫色的衣服和鞋子，在帝王风格的建筑中一定要用红色和镀金的材料。圣像画中圣母的衣服是红色，这是圣像中最显眼的颜色，它象征温暖、爱、生命和能量。因此，红色成了复活的象征，但同时红色也是血的颜色、痛苦的颜色。

第二节　中俄文化的交流

一、中俄文化交流的不断发展

中俄文化源远流长，两国丰厚的历史文化底蕴举世公认。中俄文化交流与合作在两国战略协作伙伴关系中占有举足轻重的地位。

中俄两国的文化交流具有悠久的历史。自明清开始，中俄之间就通过派驻使团、宗教交流、商贸往来等开展文化交流。从中俄两国的百年近代史来看，从沙俄时期中东铁路建设进行的沿线文化传播，到苏联时期对中国革命的支持和经济援助，中俄双方共同培养了大量懂俄语的人才。20 世纪 20 年代苏联帮助中国创办了黄埔军校，派来军政教官执教，为中国革命培养了大量人才。20 世纪 30 年代，中国上演了一批俄国和苏联的戏剧作品，如谢尔盖·特列季亚科夫的《怒吼吧！中国》，尼古莱·瓦西里耶维奇·果戈理·亚诺夫斯基的《钦差大臣》，亚历山大·尼古拉耶维奇·奥斯特洛夫斯基的《大雷雨》等。

中华人民共和国成立后，共同的社会制度及共同的意识形态，使中俄文化交流达到了前所未有的高度。中俄文化交流的性质发生了根本变化，文化交流的内容更加偏于政治领域。就其文化交流性质看，中俄文化交流也同中国的外交政策一样具有"一边倒"的性质，中国开始了全方位向苏联学习的历史阶段。越来越多的苏联著名的文学著作被中国学者翻译，这些著作大大影响了中国人民的思想和人生观的确立。苏联也出版了一些中国学者的专著。这时期的中俄文化交流，进一步增进了两国人民的相互了解，加深了两国人民间的友谊。中俄两国长期的文化交流形成的文化积淀已深植两国人民的心中，这种文化吸纳孕育并构成了今天建立在很高层次基础之上的中俄两国的文化交流。在中国进入改革开放新的历史时期以后，中俄文化的交流在我国得到了进一步加强，并达到了很高的水平。双方之间人员的交流与文化的互动，在各自保持自我文化特征的基础上，呈现整体性的强化趋势。这种交流与协作越来越多地在人文领域层面上展开，这对双方来说都是一种有益的借鉴。特别是中国文化的传统精神和其对现代社会的人的行为与意识的规范价值，越来越显示出它的积极意义。它已成为一种新的文化资源，以自己东方文化的思维和智慧，对世界文化教育的发展发挥着日益重要的作用，更为这种双方的交流注入了强大的活力。

由于种种原因，20世纪90年代初期至中期，中国与俄罗斯的文化交流基本只局限于每年互换一个文艺团体或展览，以及少数几起官方交流代表团互访，民间交流影响力也极其有限。20世纪90年代后期，情况有所改观，中俄之间的文化交流逐渐密切起来。除了政府间的合作外，中俄两国非官方团体为促进中俄友好与文化交流作出了贡献。1997年4月成立的中俄友好、和平与发展委员会，是由两国社会各界和各年龄层次代表广泛参与的民间团体，其宗旨是加深两国人民之间的相互理解与传统友谊，促进睦邻友好合作，巩固和扩大中俄战略协作伙伴关系的社会基础。它的组成"标志着为发展中俄人民传统友谊迈出了新的重要一步"，发挥着中俄民间友好交流主渠道的作用。

中俄两国自2001年7月16日签署《睦邻友好合作条约》以来，在经贸领域取得重大进展，在科技、文化、医学等领域交流不断扩大，在国际事务中的协作日益加深，成为地区乃至全球稳定的重要因素。2003年9月，中俄友好、和平与发展委员会第五次全会在北京召开，被舆论界称为是当年"中俄双边关系的一件大事"。同年10月，由中国文化部（现中华人民共和国文化和旅游部）主办的俄罗斯文化节在北京、上海、武汉、宁波等地举行，俄罗斯派出许多高水平的艺术团体，艺术家近160人。2004年10月，由中国文化部（现中华人民共和国文化和旅游部）及俄罗斯联邦文化和电影署举办的中国文化节在莫斯科举行，又为莫斯科人搭建起了一个亲密接触中国文化艺术、真切感受中国风情的新舞台。2004 年，胡锦涛同志和普京总统共同将这一年定为"中俄青年友谊年"，两国政府为此安排了丰富多彩的青年交流活动，极大地促进了两国青年的相互了解与友谊。

2006 年是中俄建立平等的战略协作伙伴关系十周年、《中俄睦邻友好合作条约》签署五周年以及上海合作组织成立五周年。这是中俄两国具有里程碑意义的时刻。为了使中俄战略协作伙伴关系切实有效地向前发展，2005 年 7 月，胡锦涛同志和普京总统共同确定，2006 年在中国举办"俄罗斯年"，2007 年在俄罗斯举办"中国年"活动。"国家年"是全方位的，涵盖政治、经济、文化、军事、外交等各个领域，可以说无所不包。继成功互办"国家年"后，为了进一步推动两国的文化交流，促进战略协作，中俄两国领导人共同决定。2009 年，在中国举办"俄语年"。2010 年，在俄罗斯举办"汉语年"。

近年来，中俄两国的文化交流呈现出以下七个主要特点。

第一，规格高。中俄高层十分重视两国文化交流与合作。两国互办"国家年"、中俄建交 60 周年庆祝大会等重大活动时，两国领导人都曾共同出席参加活动。在中俄互办"国家年"活动获得巨大成功的基础上，两国领导人又作出互办"语言年"的重大决策。由此可见，两国领导人对两国文化交流的重视程度之高。

第二，规模大。中俄两国每年互派的艺术团体和艺术项目共有几十个，参加互访的文艺界人士多达数千人。

第三，涉及领域广。中俄文化交流涵盖了各个文化领域，如芭蕾、民族歌舞、现代舞、交响乐、京剧、杂技、流行音乐、话剧、木偶以及文学、美术、民俗、文化遗产保护等。

第四，参与性强。中俄互办文化节时，直接参与的民众超过百万人次。中俄文化交流使两国民众增进了对彼此的了解，加深了彼此间的尊重和友谊。

第五，日趋机制化。中俄人文领域的交流已日趋机制化，2006 年和 2007 年，中俄两国互办的"国家年"活动取得巨大成功，两国互办"语言年"又为中俄关系发展注入了新的活力。同时，两国重视法律形式规范文化交流，以保护正常的交往活动，阻止违法违规和对交流不利的行为。两国的立法机构在制定相关法律法规时，不但考虑到两国原有的文化习俗，还考虑到两国人民的现实利益。两国文化交流的硬件设施建设也不断加强。硬件设施是两国文化交往的基础，是两国人员在交通、居住、休闲等方面的充分保障。双方政府不但为两国人员交往提供更多的便利条件，还在宣传和指导方面加大活动力度。如今，双方已设置专门的部门进行沟通和协调，及时解决和处理活动中出现的问题，确保交流渠道的畅通和环境的安全。

第六，更加年轻化。未来中俄战略协作伙伴关系的健康发展取决于两国的年轻一代，加强两国青少年间的文化交流活动，增进彼此的了解和信任，对两国关系至关重要。因此，必须通过各种方式扩大两国年轻一代的交流，如开办中俄青少年文化交流周、中俄学者流动站等，尤其要重视大众媒体的作用，利用多种现代科技手段全面传播中国文化，以增强俄罗斯人民对中国的了解。

第七，民间交往不断升温。如今，中俄两国在人文和民间等领域的合作不断扩大和深化。两国成立了中俄友好、和平与发展委员会和中俄教文卫体合作委员会等机构，专门处理两国在教育、文化、科技等领域中的一些问题，从而在制度层面更好地保障了两国的交流，使得中俄合作领域的开拓性发展有了更大的空间。

在中俄两国交往中，不仅政治经济关系的发展意义重大，文化方面的相互接触也很重要。发展国际人文关系具有决定性的意义。中俄双方共同举办的形式多样的文化交流活动与合作，增进了对彼此文化传统和文化精髓的了解，丰富了文化交流的内涵，增进了两国人民之间的传统友谊，为中俄战略协作伙伴关系注入了新的活力。

总的看来，作为中俄关系润滑剂的两国文化交流合作是发展中俄关系的长远之策，它具有基础性、先导性、广泛性、持久性特点。飞速发展的中俄人文交流，在推动中俄战略协作伙伴关系方面发挥了不可或缺、不可替代的重要作用。可以预见，今后中俄双方将会进一步加强在教育、文化、媒体、卫生、旅游和体育等领域的全方位合作。

二、加深中俄文化交流的对策

近些年来，随着中俄在经济和社会活动方面的频繁交往，我国与俄罗斯城市间的文化交流与合作、旅游等也日益增多。两种文化之间的碰撞对双方的发展都有积极的促进和借鉴作用。目前，中俄两国关系的状态是经济关系的发展滞后于政治关系，这种滞后给发展政治关系带来了很大的消极影响。经济合作需要文化支撑，文化交流促进经济合作，这是在今天经济全球化条件下国际交往的一个带有规律性的普遍现象。所以，加强中俄间的文化交流，能进一步促进中俄关系全面发展。

（一）确定两国关系，奠定法律基础

只有正确定位中俄关系并构建合理的合作模式，才能赢得两国关系健康、稳定和持续发展。

《中华人民共和国和俄罗斯联邦关于世界多极化和建立国际新秩序的联合声明》阐述了中俄战略协作伙伴关系的属性和特点，也就是中俄战略协作伙伴关系是一种"睦邻友好、平等信任、互利合作、共同发展，恪守国际法原则，确立不针对第三国的新型国家关系"，主张"各国人民自由选择其国内发展道路的权利应得到尊重，社会制度和意识形态的差异不应妨碍国家关系的正常发展""应以和平方法解决两国间的一切争端""既不谋求霸权，也无意扩张"" '不对抗，不结盟'等原则均系两国关系的基本原则范畴"。此后，中俄又以一系列法律文件充实和完善中俄关系的实质内容。

《中俄睦邻友好合作条约》开宗明义地提出了中俄关系的指导思想与原则，即坚持两国人民的根本利益，维护亚洲乃至世界的和平、安全与稳定，各自根据《联合国宪章》及其参加的其他国际条约承担的义务，促进建立以恪守公认的国际法原则与准则为基础的公正合理的国际新秩序，致力于将两国关系提高到崭新的水平，决心使两国人民间的友谊世代相传。

中俄战略协作伙伴关系的内容就是：政治上相互尊重、平等信任，经济上互惠互利、合作共赢，军事上以互信求安全、促合作；同时，全面展开人文、法治及国际事务和全球战略等各领域的合作。两国关系的实质就是睦邻友好和战略协作，其精髓就是"世代友好、永不为敌"。双边关系的突出特点是不结盟、不对抗、不针对第三国。

这一切表明，中俄睦邻、友好合作和平等信任的战略协作伙伴关系，是一种内涵丰富、适应当今世界和平与发展总特征的新型国家间关系。这一历史性选择，使两国关系具有极高的透明度和很强的战略性、长远性和可预见性，因而使双方政治互信达到了前所未有的水平。

（二）构建完备合作机制，积极深化政治互信

1.构建完备合作机制

国家之间关系千头万绪、错综复杂，因而搞好国家之间的关系，不但需要有明确的目标和战略规划，而且更要构建一种行之有效的国家关系的运行机制，为两国战略协作

伙伴关系提供可靠的制度性保障。

首先，中俄两国之间形成了高层交往机制，即中俄建立了元首、立法机构、总理等高层会晤机制。其次，两国建立了部门和行业之间的合作机制，这种机制主要是由中俄总理会晤委员会分委会、中俄人文合作委员会分委会及上海合作组织框架内的行业委员会的活动制度化而形成的。最后，中俄高层交往机制与部门和行业之间合作机制构成了发展两国关系的统一的工作体系。在双边关系中，国家是唯一的主体，交往层次、方式、途径可以是各种各样的，但就是不能，也不允许多元化。在中俄关系中，不论是高层交往，还是部门和行业及民间交往，都要置于国家主权原则之下，按照授权和分工，推动两国关系的发展。

2.积极深化政治互信

中俄之间的政治互信，是指两国之间的信任状况。中俄两国政府和人民一向十分重视并全力深化两国政治互信。这是因为若没有政治互信，两国关系就失去了基本前提和根基。在国与国之间关系中，政治上相互信任是不可或缺的，没有政治信任，就不会有正常邦交，更谈不上什么友好合作关系。一个国家只有值得信任，别的国家才会将其看作是可以信赖的交往对象并同其发展关系。

为了达到政治互信，两国除了要为规范双边关系确立正确原则，从而为相互信任打下政治法律基础之外，还要互相尊重、和平共处，共同采取安全信任的措施，彻底解决历史遗留的边界问题等，从而不断加深政治互信、加强全面合作，致使两国战略协作伙伴关系不断攀上新的高峰。

（三）共同实现互利互赢

1.利用地缘优势，建立贸易区

中俄边境城市是国家开放的窗口，应当充分利用中俄边境城市的地缘优势，将这个地区的经济文化建设搞上去。应充分利用我国的地缘优势，建立若干贸易区，充分利用中俄贸易区人员往来的方便条件，形成一个"文化特区"，给予特殊的关注，特殊的政策，采取特殊的措施。开展中俄文化交流要有一个开放自信的文化心态，要注重多领域、多方面、深层次的文化交流；重视人文，加强文化团体建设和交流；可以考虑邀请俄罗斯交响乐团、芭蕾舞团、歌剧团等文艺演出团体；增加歌舞、戏剧、音乐等艺术表演，开展艺术展览，普及文化、音乐、美术等知识，让高雅艺术、高雅文化走进寻常百姓，促进整个城市逐渐形成浓郁的崇文意识，提高市民艺术修养。发展文化产业和满足市民多样化需求的开放性文化市场。同时，建立影视、音像、演艺、娱乐等多层次的文化市场体系。通过文化市场这一中介，增强文化对市民的影响力，为实现市民多层次、多元性的文化需求，提高市民生活质量提供基本保障。

2.大力开发中俄旅游市场

近年来，俄罗斯来中国旅游的人数逐年递增，但俄罗斯居民对中国的旅游资源了解不多，获得有用信息的渠道较少。据调查，俄罗斯居民对旅游资源的了解一般是通过网络、旅游报刊上刊登的广告和亲朋好友旅华回来谈观感而获得的。

针对这一问题，中国可以建立相应的互联网门户网站俄文版，方便俄罗斯各地的用户访问使用，用俄文介绍中国旅游文化；针对俄罗斯游客出行自助游所占人数比例相对大的特点，制作俄文版宣传中国的资料和交通手册；重视俄罗斯人特有的求异、求新的购物文化心态，尽快生产出具有艺术价值、使用价值和本地特色的中高档旅游商品，积极开发具有地方特色、景区特色、有纪念意义和保存价值的各种新奇的旅游产品；利用地缘优势，从认识上、政策上和制度上促进和保障中国的俄语导游人才的培训。

3.加强两国能源和科技合作

俄罗斯是个能源大国，据俄政府公布的资料，俄罗斯境内蕴藏着世界上三分之一的天然气、十分之一的石油和 14%的铀。另外，俄罗斯的煤炭、核能和电力等能源也极其丰富。因此，俄罗斯在满足本国能源消费需求之外，还要寻求国外销售市场，以促进其国内经济发展。而中国既是能源生产大国，也是能源消费大国，并且在消费的能源中，进口能源所占比重越来越大。于是，毗邻的两个大国，一个需要出口能源，另一个需要进口能源，两者合作就可解决各自所需，对双方都有利。中俄双方对开展能源合作有很高的积极性，并不断扩大两国能源合作规模。

（四）加强对俄留学生教育

在经济全球化的形势下，随着中国的蓬勃发展，对外的合作日益加深，许多俄罗斯学生掀起了到中国学习汉语的高潮，这就需要我们进一步开拓俄罗斯留学生市场，完善制度，扶植优秀文化，鼓励更多的留学生来我国学习汉语，促进中俄文化交流。

人类社会正在进入一个以文化为资本的新经济时代，在这个时代，经济发展与文化的交流正在变得越来越紧密。在目前全球范围内的文化转型过程中，各个国家、各个地域的个性文化特征以及它们之间的交融与互动非常活跃，而且日益广泛，出现了区域内各种文化频繁交流的现象。同时，各国各地间的经济活动也越来越离不开各种文化交流的推动。作为社会经济发展的新生推动力，文化力的概念正在被赋予新的现实意义。特别是目前全球经济正处在重要的结构性调整期，文化尤其展示了它所特有的经济活力和积极协调社会平衡发展的价值。文化交流现状研究及对策研究，则是这种调整的关键。中国的经济学家樊纲曾经这样阐释文化经济时代文化交流的作用，他认为，当社会发展到一定阶段以后，社会经济的增长将主要依靠文化交流和文化产业的发展。中俄文化交流要有一个开放的、容纳百川的、自信的"文化心"，在任何一种外国文化面前既不自卑，又不自傲，要大胆地采取拿来主义，为我所用。中俄两国应当进一步加强文化交流，并以此促进全面合作。

第五章　基于多媒体技术的俄语教学研究

多媒体网络技术被广泛应用于俄语实践教学，这是对俄语教学的一种新挑战，在一定程度上给俄语教学带来了前所未有的突破。面对高素质应用型俄语人才的需要，俄语教学必须要采用现代化、多元化的教学模式。目前，俄语教学中已使用新的多媒体技术。本章在介绍多媒体技术基础知识的前提下，论述了俄语多媒体素材的处理、俄语多媒体课件的开发与制作问题，揭示了多媒体俄语教学原则与学习原则，详细探讨了多媒体技术在俄语教学中的应用问题。

第一节　多媒体技术概述

一、媒体与多媒体

（一）媒体

所谓媒体是指承载信息的载体。国际电话电报咨询委员会（现国际电信联盟电信标准化部门）把媒体分为如下五类：

1.感觉媒体

感觉媒体是指能够直接作用于人的感觉器官，使人产生直接感觉（视、听、嗅、味、触觉）的媒体，如语言、音乐、图像、图形、动画、文本等，都是感觉媒体。

2.表示媒体

表示媒体是指为了更有效地加工、处理和传输而人为研究和构造出来的一种媒体。它包括上述感觉媒体的各种编码，如语言编码、静止和活动图像编码，以及文本编码等。

3.表现媒体

表现媒体是用于通信中使电信号和感觉媒体之间产生转换作用的媒体，主要用于新型输入和输出。表现媒体又分为两类：一类是输入表现媒体，如话筒、摄像机、光笔、键盘以及扫描仪等；另一类为输出表现媒体，如扬声器、显示器以及打印机等。

4.存储媒体

存储媒体用于存储表示媒体，即存放感觉媒体数字化后的代码的媒体，如磁盘、光盘、磁带、半导体存储器等。简而言之，它是指用于存放某种媒体的载体。

5.传输媒体

传输媒体是指用来将表示媒体从一处传递到另一处的物理传输介质，如同轴电缆、光纤、双绞线以及电磁波等，都是传输媒体。

在上述的各种媒体中，核心是表示媒体。因为计算机处理媒体信息时，首先通过表现媒体的输入设备将感觉媒体换成表示媒体，并存放在存储媒体中。计算机从存储媒体中获取表示媒体信息后进行加工、处理，最后再利用表现媒体的输出设备将表示媒体还原成感觉媒体。也就是说，计算机内部真正保存、处理的是表示媒体。所以，若没有特别的说明，通常将"媒体"理解为表示媒体，它以不同的编码形式反映不同类型的感觉媒体，而多媒体则是指表示媒体的多样化。

（二）多媒体

"多媒体"，从字面上理解就是"多种媒体的综合"，相关的技术也就是"怎样进行多种媒体综合的技术"。多媒体技术概括起来说，就是一种能够对多种媒体信息进行综合处理的技术。略为全面一点，多媒体技术可以定义为：以数字化为基础，能够对多种媒体信息进行采集、编码、存储、传输、处理和表现，综合处理多种媒体信息并使之建立起有机的逻辑联系，集成一个系统并具有良好交互性的技术。

（三）多媒体组成部分

一般的多媒体系统由如下内容组成：多媒体硬件系统、多媒体操作系统、媒体处理系统工具和用户应用软件。

1.多媒体硬件系统

多媒体硬件系统包括计算机硬件、声音/视频处理器、多种媒体输入/输出设备及信号转换装置、通信传输设备及接口装置等。其中，最重要的是根据多媒体技术标准而研制生成的多媒体信息处理芯片和板卡、光盘驱动器等。

2.多媒体操作系统

多媒体操作系统又称多媒体核心系统，具有实时任务调度、多媒体数据转换和同步控制对多媒体设备的驱动和控制，以及图形用户界面管理等功能。

3.媒体处理系统工具

媒体处理系统工具又称多媒体系统开发工具，是多媒体系统的重要组成部分。

4.用户应用软件

用户应用软件是根据多媒体系统终端用户要求而定制的应用软件或面向某一领域的用户应用软件系统，它是面向大规模用户的系统产品。

二、多媒体技术

（一）多媒体技术的定义

多媒体技术是专指于电脑程序中处理图形、图像、影音、声讯、动画等的电脑应用技术。

我们所提到的多媒体技术中的媒体主要是指利用电脑把文字、图形、影像、动画、声音及视频等媒体信息都数位化，并将其整合在一定的交互式界面上，使电脑具有交互展示不同媒体形态的能力。它极大地改变了人们获取信息的传统方法，符合人们在信息时代的阅读方式。

多媒体技术的发展改变了计算机的使用领域，使计算机由办公室、实验室中的专用品变成了信息社会的普通工具，广泛应用于工业生产管理、学校教育、公共信息咨询、商业广告、军事指挥与训练，甚至家庭生活与娱乐等领域。

（二）多媒体技术的特性

多媒体的关键特性主要包括信息载体的多样性、交互性和集成性这三个方面，这是多媒体的主要特性，也是在多媒体研究中必须解决的主要问题。在多媒体发展的早期，这三个特性是显而易见的。但随着多媒体应用的深入和发展，许多设备与设施都具备了不同层次的多媒体水平。例如，我们一般不再通过字符命令来操作计算机了，但多媒体的这三个特性仍然是最关键的，只是又融入了更深层次的理解。

1.多样性

信息载体的多样性是相对于计算机而言的，指的就是信息媒体的多样化，有人称之为信息多维化。把计算机所能处理的信息空间范围扩展和放大，而不再局限于数值、文本或是被特别对待的图形或图像，这是计算机变得更加人性化所必须具备的条件。

人类对信息的接收和产生主要在五个感觉空间内，即视觉、听觉、触觉、嗅觉和味觉，其中前三者占了 95%以上的信息量。借助这些多感觉形式的信息交流，人类对信息的处理可以说是得心应手。但是，计算机以及与之相类似的一系列设备，都远远没有达到人类处理信息能力的水平。在信息处理的传统过程中不得不忍受着种种形态，信息只能按照单一的形态才能被加工处理，只能按照单一的形态才能被理解。

多媒体就是要把机器处理的信息多样化或多维化，使之在信息交互的过程中，具有更加广阔和更加自由的空间。多媒体的信息多维化不仅仅指输入，还指输出。但输入和输出并不一定都是一样的。对于应用而言，前者称为获取，后者称为表现。如果两者完全一样，这只能称为记录和重放，从效果上来说并不是很好。

如果对其进行变换、组合和加工，亦即我们所说的创作或综合，就可以大大丰富信息的表现力和增强效果。这些创作与综合也不仅仅局限在对信息数据方面，也包括对设备、系统、网络等多种要素的重组和综合，目的都是能够更好地组织信息、处理信息和表现信息，从而使用户更全面、更准确地接收信息。

2.交互性

多媒体的第二个关键特性是交互性。长久以来，人们在很多情况下已经习惯于被动地接收信息，如看电视、听广播。多媒体系统将向用户提供交互式使用、加工和控制信息的手段，为应用开辟更加广阔的领域，也为用户提供更加自然的信息存取手段。

交互可以增加对信息的注意力和理解力，延长信息在头脑中保留的时间。但在单向的信息空间中，这种接收的效果和作用就很差，只能"使用"所给的信息，很难做到自由地控制和干预信息的获取和处理过程。多媒体信息在人机交互中的巨大潜力，主要来自它能提高人对信息表现形式的选择和控制能力，同时也能提高信息表现形式与人的逻辑和创造能力结合的程度。多媒体信息比单一信息对人具有更大的吸引力，它有利于人对信息的主动探索而不是被动地接收。在动态信号与静态信号之间，人更倾向于前者。多媒体信息所提供的种类丰富的信息源恰好能够满足人在这个方面的需要。

当交互性引入时，"活动"本身作为一种媒体便介入到了数据转变为信息、信息转变为知识的过程之中。因为数据能否转变为信息取决于数据的接收者是否需要这些数据，而信息能否转变为知识则取决于信息的接收者能否理解。借助于交互活动，我们可以获得我们所关心的内容，获取更多的信息。例如，对某些事物进行选择，有条件地找出事物之间的相关性，从而获得新的信息内容。对某些事物的运动过程进行控制可以获得某种奇特的效果，如倒放、慢放、快放、变形和虚拟等，从而激发学生的想象力、创造力，制造出各种讨论的主题。在某些娱乐性应用中，用户可以改变故事的结局，从而使用户介入到故事的发展过程之中。即使是最普遍的信息检索应用，用户也可以找出想读的书籍、想看的电视节目等，可以快速跳过不感兴趣的部分，可以对某些关心的内容进行编排、插入书评等，从而改变现在使用信息的方法。

可以想象，交互性一旦被引入到用户的活动之中，将会带来多大的作用。从数据库中检录出某人的照片、声音及文字材料，这是多媒体的初级交互应用；通过交互特性使用户介入到信息过程中（不仅仅是提取信息），才达到了中级交互应用水平。当我们完全地进入到一个与信息环境一体化的虚拟信息空间自由遨游时，这才是交互式应用的高级阶段，这就是虚拟现实。人机交互不仅仅是一个人机界面的问题，对媒体的理解和人机通信过程可以看成是一种智能的行为，它与人类的智能活动有着密切的关系。

3.集成性

多媒体系统充分体现了集成性的巨大作用。事实上，多媒体中的许多技术在早期都可以单独使用，但作用十分有限。这是因为它们是单一的、零散的，如单一的图像处理技术、声音处理技术、交互技术、电视技术和通信技术等。但当它们在多媒体的旗帜下集合时，一方面，意味着技术已经发展到了相当成熟的程度；另一方面，也意味着各种技术独自发展已不能满足应用的需要。信息空间的不完整，如仅有静态图像而无动态视频，仅有语音而无图像等，都将限制信息空间的信息组织，限制信息的有效使用。同样，信息交互手段的单调性、通信能力的不足、多种设备和应用的人为分离，也会制约应用的发展。因此，多媒体系统的产生与发展，既体现了应用的强烈需求，也顺应了全球网络的一体化以及互通互连的要求。

多媒体的集成性主要表现在两个方面：一是多媒体信息媒体的集成，二是处理这些媒体的设备与设施的集成。

首先，各种信息媒体应该能够同时地、统一地表示信息。尽管可能是多通道的输入或输出，但对用户来说，它们都应该是一体的。这种集成包括信息的多通道统一获取，多媒体信息的统一存储与组织，以及多媒体信息表现合成等各个方面。因为多媒体信息带来了信息冗余性，可以通过媒体的重复、使用别的媒体，或是并行地使用多种媒体的方法消除来自通信双方及环境噪声对通信产生的干扰。由于多种媒体中的每种媒体都会对另一种媒体所传递信号的多种解释产生某种限制作用，所以多种媒体的同时使用可以减少信息理解上的多义性。总之，不应再像早期那样，只能使用单一的形态对媒体进行获取、加工和理解，而应注意保留媒体之间的关系及其所蕴含的大量信息。

其次，多媒体系统是建立在一个大的信息环境之下的，系统的各种设备与设施应该成为一个整体。从硬件来说，应该具有能够处理各种媒体信息的高速及并行的处理系统，大容量的存储，适合多媒体、多通道的输入输出能力及外设，宽带的通信网络接口，以及适合多媒体信息传输的多媒体通信网络。对于软件来说，应该有集成一体化的多媒体操作系统，各个系统之间的媒体交换格式，适合于多媒体信息管理的数据库系统，适合使用的软件和创作工具，以及各类应用软件等。

多媒体中的集成性应该说是在系统级的一次飞跃。无论是信息、数据，还是系统、网络、软硬件设施，通过多媒体的集成性构造出支持广泛信息应用的信息系统，1+1>2的系统特性将在多媒体信息系统中得到充分的体现。

4.实时性

由于多媒体系统需要处理各种复合的信息媒体，决定了多媒体技术必然要支持实时处理。接收到的各种信息媒体在时间上必须是同步的，比如语音和活动的视频图像必须严格同步，因此要求实时性，甚至是强实时。

5.非线性

多媒体技术的非线性特点将改变人们传统循序性的读写模式。以往人们的读写方式大都采用章、节、页的框架，循序渐进地获取知识，而多媒体技术将借助超文本链接的方法，将内容以一种更灵活、更具变化的方式呈现给读者。

第二节　俄语多媒体素材的处理

一、俄语文本素材处理

文本是指计算机产生的以各种文字和各种专用符号表达的信息形式，是多媒体软件中最基本、最重要的部分。

（一）文本素材特点

在俄语多媒体应用系统中，文本作为重要的基本素材而被广泛应用，它具有信息表达清楚、计算机处理方便、存储容易、传输快捷等优势。

1.编码简单

在计算机中，俄文字符最常用的编码是 Unicode，Unicode 字符在内存中占 1~4 个字节。

2.容易获取、存储、处理和传输

在多媒体计算机系统中，文本资料可以用多种方式获取，可采用多种输入编码录入，还可以用光电技术或语音识别技术输入。

俄文字符和汉字在计算机中占用的空间很小，处理和存储都非常方便，所生成的文本格式文件也很小，移动和传输都很容易。

3.表现形式丰富

通过对文本字体、字号、颜色、字形、字间距、对齐等的设置，使文本在多媒体作品中变得丰富多彩。

4.可以配合其他媒体的应用而提高作品表现力

文本可以配合其他媒体，共同完成对事件的描述，提高多媒体作品的表现能力。例如，为图片添加说明，为视频添加字幕，为声音解说配上文字注释等。

5.可以建立超文本链接

例如，在俄语多媒体作品中，文章的标题、导航菜单、按钮中的文本都可以建立对应的超链接，用户可通过点击超链接选择自己需要的信息，这样可以满足一些教学软件联想式学习的需要及一些多媒体软件交互式操作的需要。

（二）俄语文本素材的获取

俄语文本信息输入、采集的方法主要有以下几类：

（1）键盘输入方法；

（2）语音输入方法；

（3）联机手写识别输入；

（4）扫描仪+OCR（光学字符识别）输入法；

（5）混合输入方法。

二、音频素材处理

（一）声音的概念

声音是振动的波，是随时间连续变化的物理量。因此，自然界的声音信号是连续的模拟信号。

1.描述声波的物理量

声波与普通波形一样，可以用三个物理量来描述：振幅、周期和频率。

（1）振幅。振幅是声音波形振动的幅度，表示声音的强弱。

（2）周期。周期是声音波形完成一次全振动的时间。

（3）频率。频率是声音波形在 1 秒钟内完成全振动的次数，表示声音的音调。

2.声音的三要素

（1）首调。音调代表声音的高低。与频率有关，频率越快，音调越高。

（2）音色。音色是声音的特色。声音分纯音和复音两种类型。纯音的振幅和周期均为常数；复音是具有不同频率和不同振幅的混合声音，是影响声音特色的主要因素。自然界的大部分声音是复音。在复音中，频率最低的声音是"基音"，是声音的基调，其他频率的声音是"谐音"。基音和谐音是构成声音音色的重要因素。人的声音、其他生物的声音以及自然界各种声响都具有自己独特的音色。人们往往是依据音色来辨别声源种类的。

（3）响度。响度也称为音强，是声音的强度。响度与声波的振幅成正比，振幅越大，音强越大。

（二）声音的数字化

把模拟声音信号转换为数字音频信号的过程称为声音的数字化，它是通过对声音信号进行采样、量化、编码来实现的。

1.采样

采样就是每隔一定的时间间隔，抽取模拟音频信号的一个瞬时幅度值样本，实现对模拟音频信号在时间上的离散化处理。

2.量化

模拟音频信号的采样样本数字化表示称为量化。对每个采样，系统均会分配一定的存储位来存储采样点的声波振幅的数值。

3.编码

编码就是按照一定的格式把离散的量化数值加以记录，并在有用的数据中加入一些用于同步、纠错和控制的数据。

三、动画素材处理

（一）动画基础知识

1.动画概念

计算机动画是利用人眼视觉暂留的生理特性，采用计算机的图形和图像数字处理技术，借助动画编程软件直接生成或对一系列人工图形进行一种动态处理后生成的可以实时播放的画面序列。

运动是动画的要素，计算机动画是采用连续显示静态图形或图像的方法产生景物运动的效果的。当画面的刷新频率在每秒24～50帧的时候，就能使人感觉到运动的效果。

在实际计算机动画制作过程中，为了减少存储空间占用和运算数据量，画面的刷新频率通常设置在每秒 15～30 帧之间。

计算机动画的另一个显著特点是画面的相关性，只有在任意相邻两帧画面的内容差别很小时（或者说是画面局部的微小改变），才能产生连续的视觉效果。

2.动画与视频的区别

根据每一帧画面的产生形式，动态图形与图像序列又分为两种不同的类型：当每一帧画面为人工或计算机生成的画面时称为动画；当每一帧画面为实时获得的自然景物图时称为动态影像视频，简称视频。视频一般由摄像机摄制的画面组成。

动画与视频是从画面产生的形式上来区分的，动画着重研究怎样将数据和几何模型变成可视的动态图形。这种动态图形可能是自然界根本不存在的，也就是人工创造的动态画面。视频处理侧重于研究如何将客观世界中原来存在的实物影像处理成数字化动态影像，研究如何压缩数据，如何还原播放。

3.动画的分类

按照画面景物的透视效果和真实感程度，计算机动画可分为二维动画和三维动画。

按照计算机处理动画的方式不同，计算机动画分为造型动画、帧动画和算法动画。

按照动画的表现效果，计算机动画又可分为路径动画、调色板动画和变形动画。

另外，不同的计算机动画制作软件，根据本身所具有的动画制作和表现功能，又可将计算机动画分为更加具体的种类，如渐变动画、遮罩动画、逐帧动画、关键帧动画等。

（二）俄语动画素材处理时常用的动画制作软件

常见的动画制作软件有：

（1）Macromedia flash；

（2）Ulead GIF Animator；

（3）Swishmax；

（4）COOL 3D；

（5）3DS MAX。

第三节　俄语多媒体课件的开发与制作

一、多媒体课件的概念与分类

（一）课件与多媒体课件

1.课件

课件是一种根据教学目标设计的，表现特定教学内容，反映特定教学策略的计算机教学软件。

2.多媒体课件

多媒体课件是根据教学大纲的要求和教学的需要，经过严格的教学设计，并以多种媒体的表现方式和超文本结构制作而成的课程软件。

（二）多媒体课件的分类

1.根据教学任务或活动划分

（1）个别指导型课件

个别指导型课件主要完成对学生个别化学习的辅导。其基本策略是：根据教学的目标和要求，向学习者呈现一定的学习内容。学习者给予应答后，计算机进行评判和诊断。若是错误的应答，则给予适当的补充学习；若应答是正确的，则转向下一步内容的学习。

（2）练习训练型课件

练习训练型课件主要是用来对学习者某种技能的培养。学习者要掌握的技能、技巧大多数必须通过较长时间、较大量的练习才能获得，此时利用计算机代替人工或其他媒体较为经济、方便。其基本策略是：拥有大量的问题（如试题），提出问题（呈现试题），学习者解答试题，核对判断，进行下一步的学习。

（3）模拟与游戏型课件

模拟与游戏型课件主要是模拟某种系统、现象或过程，形成较为"真实"的学习情境，以便让学习者参与进来，提高学习的兴趣和效率。游戏型课件往往设置一种带有竞争性的学习环境，对学习者有着强烈的吸引力。

（4）问题解决型课件

问题解决型课件主要是用来培养学习者分析问题、解决问题的能力。其主要是设置特定的问题环境，引起学习者的求解欲望和调动其已掌握的基础知识，学习者输入解决问题的方案，计算机给予判断，若无错误，则允许学习者继续进行下一步的求解活动。

（5）资料型课件

资料型课件的主要目的是为学习者或课堂教学提供学习信息资源，但它不对学习过程实施评价和控制。资料型课件的编排大致有两类：一种是"百科全书"式的安排，即按教学内容内在的逻辑关系或类属关系来编排；另一种是"仓储式"的安排，即把教学中所需要的各种媒体，如文本、图片、录像和声音等分类集合存放，这样在教学中方便教师调取演示。

（6）演示型课件

演示型课件的主要目的是在课堂教学中辅助教师的讲授活动。演示型课件是随着多媒体 CAI 的课堂活动方式而大量涌现的，也是目前广大教师能够直接参与设计制作的课件类型之一。这类课件基本上遵循着传统课堂授课的方式，比较容易被教师理解和接受，也比较容易设计和制作。因为，这类课件只关注教学内容，而把教学的策略、程序和控制等问题交给了上课的教师。

2.根据课件的开发和研制角度划分

（1）基于课堂教学策略的课件

基于课堂教学策略的课件是将教学策略和教学模式设计寓于课件之中，或者说这类课件意在体现某种教学策略或模式。上述根据教学任务和活动来分类的课件大都属于这类课件。

（2）电子作业支持系统

电子作业支持系统是一种具有"及时学习"或"即求即应"学习功能的课件类型。这类课件主要由知识库、交互学习、训练支持、专家系统、在线帮助以及用户界面等部分组成。它将学习置于工作过程之中，既有利于解决工作中的实际问题，又便于学习者理论联系实际。

（3）群件

群件是一类能支持群体或小组合作化学习的课件。这类课件是基于网络技术产生的。学习者利用网络和电脑可进行群体或小组形式的学习。群件的结构和形式有其独到之处,主要将研制的重点放在对小组学习过程的控制、管理,学生之间的通信以及友好学习界面的设计等方面。

（4）积件

积件是一类由结构化的多媒体教学素材或知识单元组合而成的课件。多媒体教学素材和知识单元就像一块块积木,可根据教学的需要将它们搭配组合,故称之为积件。利用某个著作工具,教师只需要简单地将部分素材元素进行组合,便会形成一个自己教学需要的课件。这种根据教师自己的思路和教学风格来灵活组合课件的方式,正受到教育界的欢迎。由于网络在提供多媒体素材和知识单元上给予越来越多的支持,它将会给积件的开发带来更大的方便。

二、俄语多媒体课件开发的过程

高质量课件的开发是一项复杂的系统工程,它的制作涉及教育学、心理学、传播学、美学、计算机科学等不同学科的多种专业知识,且需要不同专业的人员组成开发组,通过分工合作,共同完成课件的开发。不同的开发人员有不同的文化背景、兴趣爱好,这就导致出现了不同的多媒体课件开发模型。一般来说,俄语多媒体课件开发的过程分为需求分析、系统设计、系统集成、测试评价、形成产品几个阶段。

（一）需求分析

1.课件目标的确定

课件目标的确定包括确定教学内容的重点和难点,确定如何利用 CAI 课件弥补传统教学方式的不足,确定采用何种教学模式（辅助讲解工具、学生自学用、作为考试工具用）,以及确定采用一种模式还是多种模式的组合。

2.课件内容选择

应当以教学大纲为依据,最好由从事教学实践的教师或从事教学理论研究的工作者来决定,应尽量突出教学中的难点和重点。

3.课件使用对象分析

应注意分析学习者在从事新的学习或进行练习时，其原有知识水平或原有的心理发展水平对新的学习的适合性。该分析通常包括学习者的一般特点分析，学习者对学习内容的态度，已经具备的相关基础知识与技能的分析，以及学习者使用计算机能力的分析。

4.课件运行环境

分析课件运行的环境包括硬件环境和软件环境两个方面。既要考虑课件的开发平台、计算机语言选用，也要考虑教学系统中相应的教学环境和教学设备。

5.课件成本估算

课件成本估算包括估算现有的设备和条件是否满足课件开发的要求，需购置的设备及软件的经费，以及把课件推向市场等需要的相关费用。

（二）系统设计

系统设计是在需求分析的基础上，对系统的整体进行设计，确定俄语课件开发的一套具体的方案、策略和技术方法，主要包括教学设计、结构设计、界面设计和脚本设计四个环节。

1.教学设计

教学设计主要包括对学习者特征的分析、教学目标确定、教学内容分析、教学模式的选择以及形成性练习等的设计。

2.结构设计

结构设计一般包括对封面的显示方式、建立信息间的层次结构和浏览顺序、信息间的跳转关系等的设计。

3.界面设计

界面设计主要指对课件显示界面的元素的组织安排、色彩搭配等各方面的设计。

4.脚本设计

脚本分为文字脚本和制作脚本两种。文字脚本是按照软件教学设计的要求进行描述的一种形式；制作脚本则是按照软件的系统设计的要求进行描述的一种形式。经过精心设计的脚本是课件开发的直接蓝本。

（三）系统集成

俄语多媒体课件的系统集成阶段是将设计的思想用多媒体语言予以实现的过程，主要包括数据准备、程序编辑与调试等基本环节。

数据准备阶段主要进行文本的键入、图形的制作、图形的扫描与处理、动画的制作和视频的处理等任务。俄语素材的选择和应用要贴近俄语教学内容和教学设计的媒体内容，与俄语教学规律和教学内容不符合的素材尽量不选取。

程序编辑与调试阶段，即根据实际情况，选择和利用多媒体工具将各种素材进行编辑，将教学设计阶段所确定的教学策略，以及脚本设计阶段所得到的制作脚本，用某种计算机语言或多媒体软件工具加以实现，制作成多媒体 CAI 课件。

（四）测试评价

课件的测试与评价是课件开发过程中的一个重要内容，且贯穿课件开发的每一个阶段。对多媒体课件的评价就是衡量和估计课件对教学活动的教育价值，判断它的使用效果，评定它的等级，并提出关于改进方面的有关建议。虽然有很多评价方法和评价标准，但一般来说，都是从教学内容、教学质量以及软件技术三个方面来确定的。

1. 教学内容

教学内容是否正确，是否有教学价值，是否符合教学规律和因材施教的原则。

2. 教学质量

教学目标是否正确，能否有效激发学生的学习兴趣和积极性，是否有利于培养学生的能力。教育模式是否运用得恰当，课件的实用性、适用性怎样等。

3. 软件技术

界面是否友好，文本、图像、图形、声音、动画的质量怎样，屏幕布局是否合理等，软件的可靠性和兼容性如何。

（五）形成产品

一个完整的俄语多媒体课件，除了在程序中包含联机帮助功能外，还必须提供相关的文档，如学生手册、教师手册、技术手册等。因此，在课件程序编写和调试结束后，还必须编写相应的文档。

经过前面各项工作的反复执行，确定了课件的具体内容之后，就可进行制作，在俄语课堂上应用。

三、俄语多媒体课件的制作

（一）俄语多媒体课件的制作原则

制作多媒体课件并非一个简单的过程，而是一个极其复杂的过程，它涉及很多教育教学理论，如教育学理论、心理学理论、教育设计理论、学习理论、美学理论等，是多方面的知识都能涉及的"综合性"创作，它集教育、技术和艺术于一体。因此，教师在俄语多媒体课件设计中应该注意它的实用性、适应性、艺术性和交互性等方面的问题。

俄语多媒体课件的设计和制作应该遵循以下原则。

1.教育性原则

教育有教育的原则和规律，所有的教学都有一定的教学目标，任何一种教学活动都是为了完成一定的教学目标，所以使用多媒体课件的多媒体辅助教学也不能例外，也要遵循一定的教学规律和教学原则。在制作俄语多媒体课件时首先要做到以下几点：要选择适应教学对象的题目；难点应分散，重点要突出，知识点要深入浅出，容易被学生接受；应具有启发性，能对学生思维提高有所促进，能力培养有所提高；要使用典型的例题、练习题和作业题。

2.科学性原则

科学性是评价多媒体课件的一个非常重要的指标。科学性要求俄语多媒体课件中所讲述的内容不仅要正确，而且要层次清楚、逻辑严谨；所举的例子要准确真实并合情合理，模拟仿真时要形象；要选择符合有关规定的场景、素材、名词术语进行操作，并且要规范。

3.技术性原则

技术性可以反映多媒体课件的制作技术水平，它要求俄语多媒体课件中的文字、图像、动画、声音要设计合理。具体体现是：文字要醒目、色彩要逼真、画面要清晰、动画要连续、配音要标准、音量要适中、智能性要好、交互设计要合理。

4.艺术性原则

俄语多媒体课件在教学使用过程中要取得良好的教学效果,就必须能体现出比较高的艺术性。一个优秀完美的多媒体课件应当是新颖并具有创意的;整体构思要巧妙,并且节奏要合理;整体画面要简洁,要使用悦耳的声音。

5.实用性原则

制作的俄语多媒体课件最终是要拿到俄语课堂实践中进行具体应用的,要面对俄语学习水平不同的学生,因此多媒体课件的操作要灵活并且要简单方便,应该具有很强的容错能力,文档配备要齐全。

（二）俄语多媒体课件制作的具体步骤

1.第一步：撰写脚本

俄语多媒体课件的脚本就相当于电视剧制作中的剧本,当把一个教学内容选定以后,最先要做的事情是根据教学内容撰写教案,因为教案中会告诉我们这一教学内容所要解决的具体内容是什么,重点、难点是什么,然后根据教案内容撰写俄语多媒体课件的脚本。多媒体课件脚本需要撰写的内容一般有:多媒体课件制作过程中所用到的工具、多媒体课件的整体结构以及多媒体课件的展示途径等。

2.第二步：制备素材

俄语素材的好坏、是否充足等在俄语多媒体课件制作过程中起着非常重要的作用,同时素材的制备也是多媒体课件开发过程中最繁重、费时最多的一项。俄语多媒体课件的素材制备包括:俄语文字信息的收集与整理;背景音乐与配音等俄语声音素材的录制与编辑;俄语动画和视频的编辑等。

3.第三步：整合课件

根据前面撰写的脚本,利用合适的开发工具把已经准备好的俄语素材摆放到相应的位置。如果脚本撰写详细、素材准备充分,这一步完成是比较容易的。

4.第四步：完善课件

许多教师不注重这一步骤,认为可有可无。事实上,这一步在俄语多媒体课件制作过程中也是比较重要的环节。因为,在撰写脚本和多媒体课件制作过程中,有些问题可能未被发现,只有在实际运行中才能被发现。所以,教师将俄语多媒体课件制作好以后,需要反复试用,发现问题及时修正,这样经过几次反复试用和修正后,才能制作出比较优质的多媒体课件。

无论教师使用何种工具进行俄语多媒体课件的制作、开发，以上这四步是必需的。

（三）俄语多媒体课件制作应该注意的问题

1.俄语多媒体课件的开发平台选择问题

俄语多媒体课件制作与使用如果想有更好的发展，就必须向专业化和普及化两个方面来发展。普及化就是让所有教师都能制作多媒体课件。但是，他们毕竟是非计算机专业人员，要求他们像计算机专业人员那样对计算机非常精通是不可能的，因而选择合理、适用的多媒体课件开发平台就非常重要。教师在选择多媒体课件开发平台时，一般要遵循下面几项原则。

第一，多媒体课件开发平台界面要友好，功能要强大。系统的集成度要高，功能要丰富，操作要所见即所得，这些都是选择开发平台的重要因素。

第二，新手很容易学并很快就能掌握。多媒体开发工具不应该很难，操作起来应该简单容易，即使不会编写程序的人通过简单的学习之后，也能够掌握其精髓，制作出不错的多媒体课件。

第三，支持更多的扩展功能并能进行二次开发。单靠某一个开发平台开发出的多媒体课件的功能都是比较单一的，所有开发平台都支持扩展功能，所以教师选择的开发平台应该尽可能多地支持扩展功能，扩展功能提供的外部函数及开发语言会使开发出来的多媒体课件功能更加丰富多彩。制作的多媒体课件不能是不可改变的"一命货"，要允许使用者根据需要对其进行修改，进行二次开发，这样可以使教师的劳动发挥出较大的效能。

第四，包容性要好，同时要有很强的兼容性。现在所能提供的多媒体课件素材不仅数量越来越多，格式和种类也越来越多，多媒体开发软件应该能兼容大多数的多媒体素材格式，有时可以直接引入其他多媒体课件作为素材，同时还能支持现在越来越多的各类型输入设备。

第五，能支持打包功能，以便于发布。制作的多媒体课件应该能脱离开发平台独立运行，这就要求开发平台应该有很强的打包功能，可以把多媒体课件制作成可执行的文件。多媒体课件在运行过程中如果可以脱离开发平台的束缚，可用的范围就会大大增加，对其的发布和推广是非常有利的。

2.俄语多媒体课件在设计过程中应该解决的问题

做任何事情，事前的准备和设计都是非常重要的，制作俄语多媒体课件要想取得比较成功的效果，制作前的设计是离不开的，并且设计在整个制作过程中占有很重要的地位。如果一味地追求新的科学技术，把课本上的内容和教学环节照搬到多媒体课件中来，把多媒体课件制作成一个素材的展示工具，都是不对的。教师要清醒地认识到，多媒体课件只是一种俄语教学辅助工具。笔者认为，教师应从以下几个方面进行俄语多媒体课件设计。

（1）多媒体课件的设计制作要具有针对性

俄语教学之所以大量地使用多媒体课件，是因为多媒体课件可以在提高教学效率的基础上优化课堂教学的组织结构，同时还能增加课堂的信息含量。因此，在设计时首先应该考虑开发制作这个多媒体课件有没有针对性，有没有这个必要。多媒体课件的制作与使用对解决问题如果没有针对性，就是画蛇添足。

（2）多媒体课件的设计要本着灵活、可控和实用性的原则

一个完美成功的多媒体课件，操作起来应该方便简捷，因此在设计时应该本着灵活、可控和实用性的设计原则。在多媒体课件的具体操作过程中，目录要一目了然，有能够随意跳转的按钮，使操作者可以轻松自如地播放、停止和控制多媒体课件。操作与使用多媒体课件的多是非计算机专业人员，不能让操作者把大量的时间和精力浪费在多媒体课件的操作与控制上。应该做到如下几点。

①俄语多媒体课件首先要容易安装，并能流畅地运行，操作起来还要方便。为了便于移动和能够在网络上正常运行，俄语多媒体课件的体积不能过大，对于字节比较长的大体积多媒体课件，如果没有什么特殊要求，尽可能把它分割成几个相对独立的小文件，以保证运行时的流畅性和教学上的连贯性，同时也便于管理。

②俄语多媒体课件的操作界面一定要友好。在多媒体课件操作界面上的按钮与图标含义一定要意义明确，不能让人产生歧义。对整个多媒体课件操作要达到"随心所欲"的程度，不能出现死循环。同时，为了不分散学生的注意力，在多媒体课件中尽量不使用没有必要的图表和动画，以保证多媒体课件的整个界面简洁大方。

③俄语多媒体课件运行时要保证运行稳定。在操作过程中要很容易退出和重新启动，同时还要避免意外死机和运行错误的出现。

④俄语多媒体课件的交互性要好。不能像放"电影"一样把多媒体课件从头至尾地连续播放，在使用过程中应给学生留下一定的思考空间。多媒体课件的按钮不应该存在

歧义，应让使用者很容易就能操作多媒体课件的跳转和运行。

⑤俄语多媒体课件要便于后期扩充和修改。一个好的、成功的多媒体课件不是一次性就能完成的，是经过无数次的修改而改出来的。即便这样，在具体的教学过程中还会发现许多新的问题，因此多媒体课件要允许使用者后期扩充和修改。

⑥俄语多媒体课件必须要具有实用性。现在有许多多媒体课件制作者为了追求多媒体课件华丽的演示效果，把大量的精力和时间都花在上面，而忽视了制作俄语多媒体课件的真正目的——实用性，教师不能做"丢西瓜捡芝麻"的事。

（3）俄语多媒体课件要从艺术性着手设计

俄语多媒体课件设计者和制作者要具有一定的审美观和审美情趣，具体表现在以下几点。

①俄语多媒体课件的操作界面整体布局要简洁明快，主题鲜明。

②在俄语多媒体课件中色彩反差不能过于强烈，要合理搭配颜色，符合学生的视觉心理。

③俄语多媒体课件中使用的图片要本着尺寸不要过大，所要表达的内容要清楚的原则，尽可能使用 GIF 或 JPG 格式的图片；在条件允许的情况下，最好亲自动手用数码照相机采集图片，然后再进行相应的处理。

④如果条件允许，最好使用一些三维动画或图片，但所表达的对象要逼真，而且科学性也要高。

⑤俄语多媒体课件如果使用配音，一定要符合课堂的气氛，不要使用激烈、尖锐的音乐作为背景音乐，同时一定要恰到好处。

⑥俄语多媒体课件中动画的插入一定要适度。尽量不要使用只具有装饰性却与课堂教学内容无关的动画。另外，最好使用体积非常小的 Flash 制作的矢量动画。

（4）俄语多媒体课件的设计要保证兼容性好、稳定性高

俄语多媒体课件的兼容性好不好、稳定性高不高，在俄语多媒体课件的设计时就有所体现，因为这与教师选择的开发平台有很大关系。所以，教师一定要选择好开发平台，只有这样，制作出来的俄语多媒体课件才能更好地应用在俄语课堂上。

总之，教师若想制作出一个比较好的俄语多媒体课件，要做到：制作前精心准备和设计，制作中扎扎实实，制作后要反复演练找出不足之处。同时，在整个制作过程中一定要认真钻研教材，在俄语多媒体课件中准确、充分地把教材中的重点、难点问题解决，做到多媒体课件源于课本，但一定要高于课本。

第四节　多媒体环境下俄语教学原则与学习原则

一、教学原则

多媒体环境中的俄语教学既要符合语言教学规律，遵循俄语教学的原则，还应遵循多媒体辅助俄语教学的基本原则。结合国内外学者的观点，多媒体环境下的俄语教学应遵循以下几项基本原则。

（一）目的性原则

教师的教学方法不但受教师语言观和语言学习观的影响，而且还受制于教师的教学目的。不同的教学目的有不同的教学方法。因此，利用多媒体辅助外语教学应有明确的目的性。开展多媒体教学的主要目的在于实现教学过程的最优化。从宏观意义上说，教师应了解《义务教育俄语课程标准》所规定的总体要求，明确培养目标；从微观意义上说，教师的每节课都要有明确的教学目的，选择好教学内容、媒体资源和教学手段。也就是说，外语教师在教学过程中，要根据教学大纲的要求和学生的实际情况，有目的地对教学内容和媒体资源进行筛选、更新和补充，利用现代化的教学手段，将丰富的信息资源有效地传递给学生，充分调动学生的各种感官系统，开发学生的潜力，帮助学生掌握教学内容，以实现预期的教学目标。

（二）以学生为中心原则

语言是一门实践性很强的学科，在语言学习过程中学生需要大量的实践才能获得语言的应用能力。学生是学习的主体，多媒体技术应以学生为中心，为他们的学习活动提供环境支持。

在多媒体俄语教学中，教师应让学生积极参与语言学习活动，主动建构知识与意识，按个人实际水平和特点，选择所需的语言学习内容，自主安排学习进度，如通过人机交互，学生自己动手操作，积极思考，进一步激发、增强学习内部动力。学生在语言学习过程中如遇到问题，可通过教师或与同学讨论或人机对话加以解决。教师在多媒体学习环境中起着合作者和中介者的作用。多媒体俄语学习内容的高密度、大容量，要以学生为中心，科学地掌握教学进度，及时地了解学生的学习效果的反馈信息并对教学过程进行适当的调节，这样才能使多媒体外语教学获得显著的效果。

（三）情景与交际性原则

语言学习与一定的社会文化背景（即情景）相联系。俄语学习不仅是语言知识的积累，更是语言交际能力的提高，而交际能力的培养需要学习者在真实或半真实（即模拟）的语境中，不断练习和使用所学语言的知识及技能。真实的情景可以激发学生的联想思维，利用自己原有认知结构中的有关经验，去同化和探索新知识，从而在新旧知识之间建立起联系，并赋予新知识以某种意义。信息技术已渗透到了俄语教学的听、说、读、写、译等方面，并发挥技术优势支持语言的交际活动。要充分发挥多媒体计算机和互联网的作用，为俄语教学创设虚拟真实的语言情景，培养学生的交际能力。

交际能力的培养离不开跨文化意识，跨文化意识的培养是俄语教学的一个重要内容。语言是文化的载体，文化是语言的底座。学生若忽视俄罗斯文化的学习，其语言学习也将失去意义。多媒体俄语教学应发挥其特有的优势，使学生在真实或虚拟真实的语言情景中，培养跨文化意识，提高交际能力。

（四）情感与合作学习原则

俄语学习中的情感因素包括学习者的动机、态度、兴趣、注意力等。研究表明：积极的情感因素能促进语言的输入，消极的情感因素对语言输入起了过滤作用。利用多媒体辅助教学，从教学的内容和教学的手段上看确实能激发学生的学习动机，提高学生的学习兴趣，吸引学生注意力。同时，多媒体教学为教师提供了克服传统俄语教学弊端的全新的教学方式，使抽象的、枯燥的学习内容转化成形象的、有趣的、可视的、可听的动感内容。但如果教师不能正确地看待多媒体在俄语教学中的辅助作用，一味地依赖多媒体，忽略了师生间的情感交流，久而久之，学生也会对学习失去兴趣。师生之间的交流、学生之间的合作是俄语学习的重要途径。它意味着教师、学生积极参与合作学习过程，完成学习任务。

　　多媒体及互联网的强大互动功能已使跨时空、跨区域的合作成为现实。具有良好交互性的俄语多媒体教育软件，应为学生创造出一定的合作学习环境。由此，学生可与其他学习成员进行问题的讨论，充分理解学习内容，获得需要的学习资源、交流方法，更重要的是让学生在和谐的人际交流过程中，提高语言的交际能力。

二、学习原则

（一）多媒体呈现原则

　　言语加图像的呈现方式优于言语的单独表述方式。学习者同时接收言语信息和形象信息并进行学习，比单独接收某一种信息更有助于对意义的理解。比如在教授一个俄语单词时，学生看着单词文本，听着教师的解说，同时还能通过幻灯片、动画、影像等形式观看到与该单词相关的视频信息，其学习效果要比单独重复教师的带读和拼写，或单独看文字材料介绍好得多。这种现象被称为"多媒体效应"。多媒体效应与多媒体学习的认知理论相吻合，学习者在多媒体环境下学习能够同时建构两种不同的心理表征，即言语模型和视觉模型，并在两者之间建立联系。

（二）个体差异原则

　　多媒体呈现原则对原有知识基础较差的学生来说比对原有知识基础较好的学生更有效，同时对形象思维较好的学生来说比对形象思维较差的学生更有效。因此，这些效应的产生状况取决于学习者的个体差异。例如，原有知识基础较差的学生比原有知识基础较好的学生显示出更强的多媒体效应。根据多媒体学习的认知理论，原有知识基础较好的学生在听解说或者看文本时能够直接生成心理表征，所以无须呈现可视图像，他们便能从言语与图像紧密结合的呈现中获取知识。

（三）紧凑性原则

在多媒体环境下言语和图像信息的应用，紧凑精练优于松散冗长。在多媒体环境下学习，学习者接收短小精悍的言语和图像信息比接收冗长松散的信息学习效果更佳。实验证明，学习者阅读一篇带有少量插图的有关闪电形成的文章，比阅读一篇带有许多附加细节插图的文章，其学习效果增加 50%左右。此结果被称为"多余信息效应"。由此，短小精悍的信息呈现有益于俄语学习者选择相关信息和更有效地组织信息。

第五节　多媒体技术在俄语教学中的应用

一、俄语多媒体教学

（一）俄语多媒体教学的特点

1.资源的共享性

多媒体技术下所有的信息资源都可以实现数字化，这就意味着它们大多可以共享。如今我国很多俄语教材出版商为了有效地介绍并推销自己的商品，纷纷建立自己的网站，这些网站里大多有与其出版的教材相配套的电子教案以及教师的教学体会交流等，以供需要的人下载使用。这就大大减轻了教师的负担。

资源共享一方面有利于教师学习他人的经验，另一方面也使教师从繁重并具有重复性的教学活动中解放了出来，使他们可以有更多的时间来探索教学道路，也能把更多的时间放在学生身上，帮助他们解决学习上的困难。

2.信息处理的集成性

过去我国的俄语教学是以教材为核心来开展教学活动的，这样只能发挥学生的视觉功能，无法调动学生的其他感官，这就对学生综合语言能力的提高造成了不小的限制。

多媒体教学将语言信息通过多通道统一组织和存储成为一个统一的整体,各种信息不再是相互分离,单独进行加工和处理的单一个体。通过多媒体技术,文字、图形、音频、视频等多种媒体信息都能集中在一起呈现出来。如此一来,学生也就能通过眼、耳、口等多种渠道接收信息并送入大脑,然后通过大脑的综合分析与判断来获得全面而准确的信息。这种集成性使人们能够更加轻松地处理信息,因此有助于增加俄语教学的生动性,提高学生的综合语言技能。

3.信息媒体的多样性

人类对信息的接收与反应依赖于听觉、视觉、嗅觉、触觉和味觉五种感觉。其中,人类从外部获取的 10%左右的信息是通过听觉获取的,人类通过视觉获取的信息为70%~80%,可见人类接收信息的最主要途径是视觉。而人类从外部获取的10%左右的信息是通过嗅觉、触觉和味觉共同获取的。多媒体技术下的信息呈现能够从各个方面刺激学生的各种感官,这就有助于学生全身心地感受知识、理解知识,从而更正确地使用知识。

另外,信息媒体的多样性也有助于提高学生的学习效率。学习的一个重要环节就是及时强化所学知识,而由于计算机处理器具有强大的功能,多媒体教学软件能够在短时间内调动有利于俄语学习的信息,也能为教师与学生提供及时的反馈,针对反馈,师生逐渐调整教学策略或学习策略,从而强化学生对俄语知识的记忆。

4.学习过程的互动性

多媒体教学在学习过程中具有互动性的特点。互动性是指将人的活动当作一种媒体纳入信息传播过程中,让信息的发出者和接收者都可以参与其中,参与各方都可控制、编辑和传递信息的这种特性。

互动性有助于在获取和使用信息时充分发挥学生的主观能动性,增强对信息的理解。而传统的俄语教学则是以教师为中心的、单向的知识辐射,因此单位时间内知识的传输受到了很大的限制。教师传送知识信息,可能只对其中一部分学生有用,而对那些已经掌握相关知识的学生而言则是浪费时间。

多媒体教学环境下,教师可以人为地改变语言学习的顺序,随机变换操练句型,从而更好地做到因材施教;学生也可以主动检索、查询感兴趣的知识或还未掌握的知识,而不是像在传统教学中那样被动地接收信息。

（二）俄语多媒体教学的优势

1.提高学生学习兴趣

俄语多媒体教学课程是充分利用文字和图形声像等多功能化的视觉画面,给学生比较直观的视觉感应,使传统课堂以教师"填鸭式"灌输的单一教学模式变成形象化、立体化和生动化的一种新的教学模式,大大提高了学生的学习兴趣。所以,即使遇到生词学生也可以通过画面猜测词义,避免以往教学中死记硬背的学习方法。

2.增加学生学习的知识量

网络教学视频除了给学生提供最基本的课文、单词、语法的讲解和固定句式外,还配有相应的声音和影视画面,其中所蕴含的知识量、信息量是在传统课堂上很难达到的,极大地节省了课堂教学时间,也极大地扩展了授课信息,从根本上提高了课堂教学的效果。教师通过多媒体计算机为学生提供活泼生动、形象有趣的俄语学习环境,在一定程度上能够使学生迅速理解和消化俄语材料,从而达到真正调动学生学习的积极性与主动性的目的。

3.加强学生听说语言能力

目前,俄语教学中已经广泛应用了各种现代化的教学设备,如幻灯、投影、录像、录音、电影等课堂电化教学手段,采用听录音、看录像等方法授课,从而提高学生的听说能力。在俄语多媒体教学中,教师会把适合我国国情需要的俄罗斯原声视、听、说材料（包括原版俄苏电影、人物事迹和俄罗斯国情概况）等,利用多媒体语音室播放,并在语言实训室进行操练,这不仅能够拓宽语言教学的广度,而且还能够丰富听说训练的范围,更重要的是增加学生实践活动能力,既激发学生的学习兴趣,使其理清俄语知识的脉络,又有助于提高学生的听、说、读、写的实际表达能力。

4.提高学生自主个性化学习能力

新兴的多媒体网络教学模式实际上是学生自主个性化学习的一种方式,学生可以根据自己的学习程度来选择适合自己的视频教程,只要有网络,就可以在任何时间、任何地点进行有针对性的学习。这种网络自主个性化的学习方式改变了传统的教学模式,该教学方法敢于打破常规、打破课堂和时间的限制、打破以教师单纯讲授为中心的方式,以师生的互动和有针对性的学习为主。这种网络多媒体个性化自主学习的方式,一定程度上能够激发学生在传统教学方式下所掩盖的能力。

5.改进教师教学质量

教师的知识结构、理论水平、教育理念、教学经验等因素会对俄语教学质量产生非常大的影响。多媒体技术使用最先进的教学理论知识，能对教学经验进行系统的总结，这就使学生能够从课件中得到最新、最优秀的俄语理论知识和优秀专家的指导。多媒体网络教学课件中的所有俄语学习资料都是经过最优秀、最有权威的专家和学者认真审校与审核的，唯一的目的就是希望学生获得的网络学习资料是正确的、恰当的。然而，在传统的俄语教学课堂上，学生大部分时间只依靠记笔记和短时记忆来学习新知，加之教师水平高低不同，造成学生从教师那里直接获得的俄语基础知识和实践操作能力不同，而使用多媒体网络教学课件恰恰能弥补这些不足。教材中的教学光盘信息丰富、形式新颖，还配有发音标准的视频，能让学生感受到真真切切的俄罗斯语音及语调，而且还能让学生获得最充足与准确的基础知识，这无论是对教师还是对学生，都是让双方互利的学习环境与学习方法，能够高效地提高教学效果。

二、多媒体技术在俄语教学中的价值

多媒体技术在教育中的应用很自然地波及俄语教学，而俄语教学本身的一些特点使它与多媒体技术有更高的契合度和更深的依赖性。俄语教学的本质是第二语言习得，而语言的习得过程往往是大脑多区域参与的过程。例如，从最基础的单词记忆来说，我们都有这样的体验：要记住一个单词，最好的办法就是眼中看着单词，口中念着单词，同时手上写着单词，然后再在日常生活中运用它。其实，这本身就是一个多种媒介组合的过程。单词的记忆尚且如此，句、段、篇章的学习和听、说、读、写的全面提高就更不用说了。因此，要想引导学生高效学习俄语并快速灵活运用，就必须重视多种媒体的有机结合与使用。

（一）在俄语教学方法中的价值

在传统的俄语教学方法中，限于技术手段和教学理念，教师往往只能使用较为单一的媒介，如话语讲授、板书、播放磁带等，这就大大地限制了教学方法的运用，着眼于单一媒介的教学方法更新的余地也很小，很难有发挥的空间。而多媒体技术的运用，不仅使传统教学方法得到强化、简化，也为教学方法提供了更多的可能性。所谓多媒体技术使传统教学方法强化、简化，指的是多媒体技术通过声、光、电等手段使教师备课效率提高，课堂中基本不需要板书，而是通过视听结合、声像并茂、动静皆宜的表现形式，生动、形象地展示教学内容。

所谓多媒体技术为教学方法提供了更多的可能性，指的是教师借助多媒体或在多媒体的启发下可以创造更多的俄语教学方法，如通过超级链接将多个知识点串联起来增强知识体系的稳定性；通过视频使学生有如身临其境，增强学生对教学内容的理解；通过网络让学生直接与俄罗斯学生互动，在实战中检验俄语掌握水平等。多媒体技术在集合多种媒介的同时，也打通了课本知识与课本外知识、课堂内与课堂外、学生与社会的界限，使教学方法所受的局限更小，所面对的领域更广。

（二）在俄语教学环境中的价值

环境在俄语学习中有非常重要的地位。语言属于技能的范畴，语言能力的获得需要学习者在合适的情境中反复实践和训练。传统的俄语教学在教学环境的拟真性上存在较大的不足。俄语并非我们的母语，国家对俄语的使用也并不广泛，课堂上只有教师的言语讲授，课堂外学生只能看课本、听磁带，学生往往很难感受到俄语学习氛围，而正是这种简单的以至虚无的俄语教学环境使学生难以提起对俄语的学习兴趣，不利于提升俄语学习成效。

在俄语教学中全面采用多媒体技术和网络，将视频图像、音响、图形、文字与课文和练习进行多层次、多角度的融合，无论课堂还是课外，学生都能随时听到纯正的俄语，看到俄语应用视频，并通过多样的多媒体俄语活动有如身临其境地参与俄语日常使用，多感官、多渠道、立体化的信息接收会大大强化俄语教学环境的拟真性，扩大语言接触面，使学生更真切、更轻松地体会俄语的运用，提高听、说、读、写能力。比如，在课堂教学中教师可以利用多媒体技术虚拟场景，模拟事件的发展，让学生模拟面对不同的情景，作出不同的反应，课后学生可以通过相关网络课程所创建的学习环境以个人或小组的形式进行自主学习。在这种拟真环境下，学生的学习兴趣得到激发，学习效率和解决实际问题的能力自然也会得到提高。

（三）在俄语教学理念中的价值

多媒体技术不仅改变了俄语教学的方法和环境，更重要的是改变了俄语教学的理念。一是因为新技术往往自身蕴含着新的理念，新技术不仅推动了所属领域的发展，而且打破了诸多条条框框，带来人们对世界、社会、个体的新认识，使人们的理念为之一新。这种理念的变化既可给俄语教学理念带来启示，也可直接嫁接于俄语教学理念之中。二是因为新技术为新理念提供了坚实的基础，新的教学理念要转化为教学实践，必须以新技术为手段，没有新技术的支撑，新理念再美好也没有实现的可能。多媒体技术对俄语教学理念的更新主要体现在以下方面。

1.创新集合式的理念

多媒体技术将符号、语言、文字、声音、图形、图像、影像等集合为一个整体，在同一时空内密集作用于接受者的各种感官。由于俄语学习本身也是多感官结合，来强化理解与记忆的过程，而多媒体技术的使用可以很好地优化这一过程。

传统的教学模式使用的媒介相对单一，对教学内容和教学手段的丰富性重视不够，也没有切实可行的媒介整合方法，而多媒体技术不仅使多媒体教学成为现实，也打开了集合式教学的新领域，推动教师以多种方式调动学生多种感官体验，在提高学生学习兴趣的同时，加大信息的输出量与语言学习的仿真性。

2.创新交互式的理念

语言教学很重视教与学之间的双向交流，以往的俄语教学中学生学习渠道较少，主要靠教师的课堂指导，为在有限的时间内加大信息输出量，教师往往只能采用灌输的方法，学生被动地接收信息，并在课后予以消化与巩固。而多媒体和网络的普及使学习俄语的渠道增多，主动性增强，教师不再仅仅是信息的传播者，而成为俄语学习的组织者、引导者和评论者，有更充裕的时间与学生进行互动。

同时，多媒体教学本身就是人机交互、人与人交流的过程，这种模式既发挥了人的主观能动性，也发挥了机器的功能，启发教育者意识到学习的主体应是学生，通过多媒体技术学生与教师进行对话，使课堂教学自主而不拘束，活泼而无压力。学生认识到俄语学习的内在意义，并可以主动地检索、提高、回答、自测，而教师也可以通过学生的提问和反馈及时发现学生的不足与症结并予以纠正，使单向的信息传播成为双向的信息交互系统。

3.创新非线性的理念

传统教育非常注重循序渐进，故而重视教材编写和教育过程的内在逻辑，但这种内在逻辑也导致了教材编写和教育过程的僵硬化，而且也不符合学生的真实接受水平和学习习惯。特别是在语言学习中，学习路径并不仅有一条，而固化的路径消除了学生的个性和学习的多种可能性。

同时，线性的递进过程也往往将知识点拉成一条线，与知识点自身的网状结构并不吻合，从本质上仍然体现着教育者的主体性和居高临下的姿态。而多媒体和网络重视信息的离散化，散落的信息通过超级链接串联起来，其内在逻辑可能不明显，但体现了学习尤其是语言学习的网状、立体框架。在备课过程中，教师可以把相关的信息挑选出来，进行加工整理，并制成课件的形式介绍给学生，让他们根据实际情况去选择，避免传统教学中信息量不大、方法单一的弊病，可实现对教学信息最有效的组织与管理，提高学习效率。此外，教师还可以指导学生根据多媒体和网络提供的资料，自由地进行适合自身学习条件和学习进度的信息编组和逻辑构建，从而真正实现俄语学习的内化。

4.创新网络化的理念

语言学习的根本目的是社会交往，主要途径也是在社会交往中实践，而传统俄语教学使语言学习单纯为学而学，或为通过俄语考试而学，学习也主要是通过看课本、背单词、做练习、听听力等方式进行的，很少与他人互动，因而脱离其根本目的和主要途径，这既导致了学生学习积极性的下降，也造成了中国式俄语、哑巴式俄语等弊端的出现。

而多媒体教学、网络教学使学生之间、学生与教师之间形成俄语学习网络，并扩大至构建课堂与课外、学校与社会的网络，课堂内学生并不与教师、同学发生单一的联系，而是多样、多线联络。这就使教育突破了时空的界限，以往只有在校园里才能获得的知识，今天几乎全部能从网上获取。

三、多媒体技术对俄语教学的要求

多媒体技术在俄语教学中的广泛应用，适应当今世界科技不断发展的需求，是对传统俄语教学模式的一种教学改革与创新。多媒体技术的应用无论是对教师还是对学生，都是一种新的教学模式，是一种新的进步方式，是节约时间、最快取得进步的最佳方式。

（一）对俄语教师的要求

多媒体技术在各大高校俄语课堂上广泛运用，不仅使教学生动传神、活泼有趣，还能够激发学生学习俄语的主动性、积极性与趣味性。多媒体技术的大量应用，不仅使教师和学生大开眼界，更多的是给教师和学生带来方便，使教师接受更多更广的俄语教学方法，使学生在最短的时间里获得广博的知识。

对于这种教学模式，要转换观念，并不是说这种教学模式很优秀，就不再需要教师，而是这种教学模式的优越性减少了教师讲课的时间，使得教师有更加充分的时间分析课堂的主要内容和难点。并且，教师要根据在课堂上面授的主要内容和课件的主要内容有针对性地对学生进行讲解与互动，这种活跃的方式能够更加有效率地使学生在短时间内记住课堂所学习的知识。在此过程中，有利于提高学生的自主学习能力，活跃课堂氛围，更有利于提高与加强学生学习的潜能，扎实地掌握课堂的重点内容和难点内容，但是这一切更需要教师认真地带动与指导。这种教学模式不仅没有降低教师的教学水平，反而能够提高教师教学的综合能力。随着多媒体的讲解，教师会在课件结束后对课件进行简单的讲解与总结，然后要回答学生提出来的疑难问题，有针对性地进行解析。在多媒体教学中，教师不再是课堂的中心，而是课堂的一个重要参与者，所起到的是课堂教学步骤和活动向导的作用，所以这要求教师要有较强的综合语言水平。教师必须根据课文以及光盘的内容组织学生的语言活动，活动的规模因时而异，要具体问题具体分析，有时需要安排班级集体活动，有时需要进行分组活动，有时还要及时根据学生的现场表现调整活动内容，同时还要兼顾教学速度和效果。

多媒体俄语教学需要专一、博学、复合型的教师，要求教师既要有较高的俄语语言基础知识能力，又要懂得现代化教育技术与教学理论，在课堂上能够熟练使用计算机设备，并根据自己实际的教学需要，把教学内容融入多媒体网络课件的设计制作中。教师要结合多媒体和教材的特点，设计出具有多媒体特色，有助于学生参与、思考、探索的多媒体课堂教学软件。

（二）对俄语学生的要求

多媒体技术不仅要求教师要具有多方面的综合技能，对学生也有很高的要求，此课件的学习要求学生要有非常强的自主学习能力。多媒体网络俄语教学模式打破了传统的

"教师授课"的方式，实现了"以学生为中心"的教学方式，要求学生在课堂上要有创新思维，同时必须要活跃课堂、大胆发言和主动学习。

在传统的俄语教学中，学生往往很依赖教师，不重视教师布置的课前预习，认为只要在课堂上认真听教师的讲解、记好笔记，考试之前多看重点、辅导书就能通过考试。所以，学生对教师的"满堂灌"习以为常，在课堂上只是被动地接收语言信息。而利用多媒体进行教学，所创设的教学内容需要特定的语言情境，要通过师生或学生之间相互协作和交流、对主题知识或专题课题进行讨论交流、会话或自主学习等来完成。教师在这种教学模式下，只是起组织、引导的作用，学生要充分发挥自己的主动性、积极性和首创精神。此外，学生还可以根据自己的需要完全自主地利用网络学习，有针对性地学习重点、难点、相关词汇、语法和背景知识等，对听读等需要反复操练的训练项目，可以不受时间限制，反复练习，也可以通过自我检测，得到及时的反馈。

四、俄语多媒体教学的模式

（一）集体教学模式

集体教学模式与传统的教学模式类似，是依托多媒体技术，提前备好教学资料，利用多媒体将教学资料以文本、图像、音频、视频的方式呈现在学生面前的教学模式。

集体教学模式通常以教师的讲解、演示为主，在一定的空间范围内对一定数量的学生开展教学。集体教学模式主要以教师为主，多媒体软件仅起到辅助的作用。

另外，为了充分地调动学生的学习兴趣，在使用集体教学模式时，教师还可以利用单个多媒体资料，如幻灯片、音频、视频等，以影像或电影的方式呈现俄语教学内容。这种教学方式不是以教师的讲解为主，而是以影片对学生的启发为主，比单纯的知识讲解更有深度；同时，还节省了一定的师资力量，并提高了教学效率，有利于实现良好的教学效果。

（二）个别教学模式

个别教学模式是指针对不同的学生所进行的具体教学。在俄语教学中，教师要以学生为中心，针对不同学生的学习特点、兴趣以及学习进度，设定不同的教学目标，安排不同的教学内容。

只有这样才能确保每一个学生个体都能够得到综合的发展。使用个别教学模式进行教学时，教师主要是根据学生的具体需要给学生制定自主学习方案、共享学习资料以及针对学生在学习过程中遇到的问题进行及时的指导和纠正，并对学生的学习进度进行适当的监督。例如，在个别教学模式的指导下，学生可以自主地选择适合自己学习水平的俄语教材进行学习；学生也可自主地利用网络图书馆查询与俄语相关的学习资料，使用微信向教师提交作业，并对自己遇到的问题进行咨询从而获得解答等。

五、多媒体技术在俄语教学中的实践

（一）多媒体辅助俄语课堂活动

在俄语教学课堂上，除了课文内容的讲授以外，教师常常会安排一些课堂活动来激发学生的学习兴趣，帮助学生巩固所学知识，以及进行模拟实践应用。从语言环境的角度看，利用多媒体技术图文并茂、声像并举、形象直观的特点，教师可以在课堂上为学生创设各种情境，激起学生强烈的学习兴趣和学习欲望。比如，在专业俄语读写课上，为了让学生熟悉单元主题，教师可以利用多媒体安排一些热身练习，包括播放音乐或歌曲、播放视频、组织小组讨论，等等。

在专业俄语听说课上，常常会出现这样一个现象：很多同学面对话题感觉无话可说或由于怕出错不敢多说，导致课堂气氛沉闷，学习效果大打折扣。根据斯蒂芬·克拉申的输入理论，可理解性输入是语言习得的必要条件和关键，教师应为学生提供大于学生目前语言能力的信息、输入量。针对输入不足而影响输出的问题，教师可以让学生首先通过听相关的俄语材料开始模仿，继而张口说俄语。教师也可以选取适当的视频内容，先让学生观看，继而模仿，最后能够表演相关内容。教师还可以利用多媒体技术创设特定情境，组织小组讨论和分组汇报，然后全班同学进行交流和评价。比如在练习课上，教师在学生回答问题前，可以先播放相关的音频、视频资料，让学生对该问题有进一步的了解，能够有针对性地深入思考并作出解答。

此外，教师还可以利用多媒体技术对学生进行提示或引导，帮助学生更好更快地完成练习。学生在课堂上积极地回答问题，使得课堂的气氛更加和谐，学生自然更加愿意参与到俄语课堂的学习中。

（二）多媒体辅助俄语课外活动

当然，除了在课堂上大显威力之外，多媒体技术还可以很好地用于辅助课外活动。俄语是一门对实践性要求很高的学科，仅依靠有限的课堂教学难以充分发展学生综合运用俄语语言的能力，学生学习到一定程度，就会不满足于课堂知识，希望通过丰富多彩的课外活动来开阔视野、拓展知识、发挥才干。传统的俄语课外活动，如俄语角、俄语演讲比赛、俄语俱乐部等，对场地和设备的要求不高，易于组织和参与，一直以来深受学生欢迎。随着多媒体技术的发展，俄语课外活动的形式变得更加丰富多彩。

1.俄语原版影视剧

对于想要在自然环境中学好俄语的学生来说，看俄语原版影视剧无疑是练习俄语听说的最好途径。影视剧通过声音与图像共同组成了完整的信息，将视觉刺激和听觉刺激有效地结合在一起，这是其他学习手段所不能达到的。

2.俄语主题小组活动

在俄语听说课或俄语探究式课程中，教师往往会要求学生进行俄语主题小组活动，并在课堂上进行专题发言展示。在这一过程中，学生会围绕教师指定或学生自选的主题，利用网络、书报等各种媒体查阅资料，并进行取舍，最终形成专题发言的内容。一般来说，学生会像教师制作课件一样，在课前把主题发言制成 PPT 形式，以便课上向其他同学展示。

3.俄语墙报

教师可以根据课程所涉及的话题、学生感兴趣的话题或当前热点话题来组织学生分组制作俄语墙报。在制作过程中，由于篇幅所限，学生需要从大量网络信息中选取最恰当的信息，运用到墙报中去。因此，墙报的制作过程实际就是一个自主学习的过程，通过制作，学生可以了解相关信息，甚至成为某方面的专家。

4.与俄语本族语者在线交流

与俄语本族语者进行交流，是学好俄语的一个有效手段。多媒体技术和网络技术打破了空间的局限，学生可以与俄语本族语者自由地进行交流。例如，学生可以给一个远在俄罗斯的学生发电子邮件，甚至使用聊天工具进行视频交流。

（三）多媒体为俄语教学提供网络课程

网络课程就是通过网络表现的某门学科的教学内容及实施的教学活动的总和,是信息时代条件下课程新的表现形式。它包括按一定的教学目标、教学策略组织起来的教学内容和网络教学支撑环境。其中,网络教学支撑环境包括支持网络教学的软件工具、教学资源以及在网络教学平台上实施的教学活动等。网络课程具有交互性、共享性、开放性、协作性和自主性等基本特征。这种交互式教学模式集多媒体技术、计算机网络技术、音视频技术于一身,能够最大限度地提供各种交互功能,从而为学习者构建最理想的学习环境。目前,很多高等学校的俄语教学组设置了各种形式的网络课程,学生可以通过校园网或互联网参与本校甚至其他学校的网络课程。

有些网络课程是与真实课堂教学课程相关的。课前,学生可以根据教学计划或教师布置的具体任务,利用网络教学资源主动预习。课后,学生可以自主进行知识的巩固,参与各种训练活动,及时消化学习的重点、难点,深化、拓展所学知识。由于网络课程可以对某一知识结构进行形象化的阐述,课堂接受比较慢的学生可以通过网络课程反复学习和操练,更好地掌握知识,提高能力。要想实现既定目标,教师应将网络课程纳入整体教学计划之中,与真实课堂教学有机结合,适当互补,充分发挥两者的优势。

当然,也有一些独立的俄语网络课程。学生可以根据自己的兴趣特点、语言水平和时间,选择适当的网络课程进行学习,较快地提高俄语综合应用能力。开设网络课程的教师可通过网络工具与学生进行交流互动,通过在线答疑、在线讨论等方式,对学生进行统一或个别辅导。教师也可以指导学生进行探究式或发现式的学习,促使他们通过独立思考和相互合作,在网络上自己查阅资料寻找答案,然后在规定的时间与其他同学进行交流讨论,从而提高学生的思维能力和创造能力。

六、俄语多媒体教学中存在的问题与对策

（一）多媒体教学中存在的问题

虽然多媒体作为一种全新的教学手段应用于俄语教学中,给俄语教学带来了种种好处,但在教学实践中,由于其本身的一些局限性或是不合理的使用,仍然不可避免地出

现了一些问题。

1.影响教师整体教学艺术的发挥

首先，课前俄语多媒体课件的制作往往需耗费大量的时间，容易使教师忽略对教材教法的研究。有时教师为了使画面更漂亮，文字、色彩更富于变化，往往要在一项设置上反复调试、反复运行演示。因对课件的设计付出太多时间、精力，教师往往无暇钻研教材教法，而找到与教材相匹配的教法对教师而言才是最重要的。

在俄语多媒体课堂中，无论授课内容是否适合或者有没有必要利用多媒体课件讲授，很多教师在课堂上从头到尾都使用多媒体课件，这是目前俄语教学中普遍存在的一个问题。多媒体教学模式下，教师的主要作用在于营造积极的课堂学习氛围，引导、帮助学生学习知识，建构意义。但是，在教学实践中，由于对多媒体和网络的过度依赖和盲目运用，教师把更多的精力放到了资料的搜集和课件的展示上，部分教师往往只是手握鼠标，逐一"演示"课件内容，把课堂变成了计算机和教具的播放过程。教师从以前的知识传播者变成了现在的计算机操作员和课件解说员，被电脑和课件控制，失去了鲜明的个性和对课堂的控制地位，其引导者、帮助者、促进者的关键作用完全被忽视或受到很大程度的抑制。

课堂教学是一门艺术。在俄语多媒体教学中，教师使用的课件和其他电教设备都是事先准备好的，教学过程原则上按课件设计的固定模式和思路来实施。因而教师在教学过程中不可能把一些新的、突发的想法及教学理念随时体现出来，不能很好地把自己的教学艺术综合地、随机地体现在教学过程中，不能充分发挥自己的言传身教的作用。同时，学生在学习过程中可能会提出教师在课前所没有思考到的任何问题，针对学生的提问，多媒体教学手段有时无法及时完成对问题的解答，缺乏灵活性和随意性。有时候，多媒体课件的文字、音像、图片等各种资料中包含的巨大的信息量，学生在短时间内无法接收和消化，无法理清头绪，不知道哪些内容是重点、难点，不清楚该掌握什么。如果过多地运用多媒体教学，教师不能因势利导，不能进行启发式教学，将影响教学效果。

此外，教师完全依赖多媒体课件也是不好的，在俄语教学过程中，如遇到停电、因操作不熟练或错误操作引发的死机等问题，教师就必须立即中断教学，这就会造成课堂教学的不连贯或支离破碎，也会耽误学生宝贵的课堂学习时间。在这样的情况下，多媒体不但没有起到辅助教学的作用，反而干扰了教学，破坏了课堂气氛，妨碍了教学任务的完成。

2.削弱学生学习的主观能动性

多媒体教学模式的核心在于强调课堂内外学生的自主学习,因而俄语多媒体教学的非线性教学模式对学生的学习自主性和逻辑缜密性提出了较高的要求。

由于多媒体课件是由教师事先设计好的,整个教学过程、教学内容甚至问题都是如此。上课时,教师按照既定的流程完成各个教学步骤。在整个的教学活动中,学生的思维只是沿着课件指定的轨道运行。学生的注意力集中在课件的画面和声音上,积极性没有调动起来,思维处于被动和僵化的状态。长期采用这种定向的、模式化的教学方式,必然会束缚学生思维的发展,从而不利于学生创新思维的培养。

多媒体教室一般为大教室,通过计算机和投影仪等设备在大屏幕上显示文字和图像。虽然是大屏幕,但显示的字体也不可能太大,学生长时间全神贯注地观看极易引起视觉疲劳,注意力难以集中。教师一味通过屏幕授课,学生的学习兴趣会呈递减状态。

教师在制作课件时,为了给课堂教学增添趣味,使用大量音像和动画,看似视觉效果不错,其实会分散学生的注意力,无法达到预期的效果。在实际教学中,从表面上看,学生有着浓厚的学习兴趣,但实际上学生在这样的课堂上很难集中注意力,教学信息在传递过程中的干扰过大,导致学生在课堂上的学习重心发生偏移,造成学生对语言知识的获得量相对减少,课堂学习效果受到影响。更有甚者,有些课件过度重视画面、文字和背景的切换,导致设计了与教学内容不相关的动画而使学生眼花缭乱,课件制作注重形式上的华丽,以至于喧宾夺主,淡化了教学目的。

多媒体教学信息量大,由于教师往往想在限定的时间内向学生传递尽量多的信息,使得许多学生无法跟上讲课的进度。学生课上忙于记课件内容,缺乏主动思考,同时信息量过大也难免导致重点不突出。信息过于密集,就缺少自由的时间进行讨论、朗读、角色练习等活动,因此难以调动学生的主观能动性。

主观能动性的缺失,使学生过分依赖教学课件和教师,自主学习成为空谈。在自主学习的过程中,学生往往由于缺乏自我管理的能力,缺乏自律,不懂得如何根据教学大纲要求、结合自身需要确定学习目标,那么如何从庞大的电子资源库中选择适合自己的学习材料?如何科学、合理地安排学习进度?甚至有的学生复制、粘贴同学的练习答案来应付教师检查,或没能抵制网络诱惑,变自主学习为"自我娱乐"。这种种现象表明学生的主观能动作用需要充分调动,学生的自主学习能力有待提高。

3.减少师生情感交流

多媒体教学增加了人机交流的时间,也等于减少了人际交流的时间。由于师资紧缺、设备有限，多媒体教学一般都采用大班授课的形式。在这种情况下，学生和教师之间的交互性活动较难进行。每个学生课堂参与及展示的机会较少，久而久之，教学又成了另一种意义上的"满堂灌"，学生的积极性被抹杀了。

在俄语课堂上，教师的很多作用是计算机不可取代的。多媒体尽管是先进的现代化教学工具，但由于缺乏自然语言，它只能作为教师辅助教学的一种手段，起到为教学服务的作用，不可能完全替代教师在课堂上的教学活动，师生之间课堂上互动性的交流仍然是最有效的教和学的途径。教师应格外注意与学生的思想交流，用敏锐的目光去捕捉学生的表情变化与动作变化，从而洞察学生的内心世界，以此来调控教学过程。

过多依赖多媒体课件，会使教师和学生之间失去互动性，难以发挥教师在课堂上的主导作用和学生的主体作用。多媒体俄语课堂上常见的情景是学生的注意力集中于电脑屏幕，或看或听，而教师则定格于电脑前，整堂课忙于课件播放、画面切换。教学基本在学生和电脑之间展开。师生、生生间少有眼神、情感、思想的交流，造成学生学习语言的情感动机缺失，导致学生很快对这种单一机械的课件演示丧失兴趣，甚至对俄语课丧失兴趣。

（二）改善多媒体教学的对策

针对当前俄语多媒体教学中出现的上述问题，在教学实践中，应该时刻贯彻"教师为主导，学生为主体，多媒体为辅助"的原则。

1.摆正多媒体在教学中的位置

课堂教学活动要符合学生的需求，符合教学目标的需要。多媒体在俄语教学中起到的是辅助作用，是使课堂教学效率更高，而非课堂的全部。俄语教学中起主导作用的是教师，无论现代科学技术发展到什么阶段，教师的基本功能都不能忽视，并且教师作为课堂教学的主导者的作用不可替代，教师应依据教学目标认真进行教学设计；选择适当的多媒体材料及信息编制高质量的多媒体辅助俄语教学课件；引导学生生动活泼地、主动地进行学习。

教师应加强理论学习，找准多媒体技术与俄语教学的结合点，利用现代技术更好地服务于教学。在多媒体教学中要注意讲解与图像的统一，教师既要利用多媒体设备为学生提供丰富的音像信息，又要适时作出恰如其分的讲解，使适时的多媒体演播和恰当的教师讲解密切配合。

2.培养学生的自主学习能力

多媒体教学可以最大限度地实行个性化学习，确立学生在教学过程中的主体地位。而要实现这种个性化的学习，学生自主学习能力的培养至关重要。在课堂上，教师要鼓励学生认真观察，积极思考，发现、提出问题，并运用所学知识分析、解决问题。课堂外，教师可以指导学生从网络上搜集与课堂内容相关的情境，丰富课堂教学的内容，增加学习的趣味性。这样的模式可以大大激发学生的学习兴趣，培养学生的参与意识，让学生在真实的情境中提高听、说、读、写、译的基本技能。

同时，教师要有意识地培养学生的课外自主学习能力，课堂之外提供给学生获取相关知识的途径和方法，充分利用网络设备，让学生带着任务、目的去查询相关信息，消除学生学习的盲目性，让学生在丰富多彩的外部世界中得到知识的补充和语言交际能力的锻炼，促进俄语综合应用能力的提高。

3.及时沟通反馈

多媒体教学模式催生了一种新型的师生关系，即平等、友好、合作的关系。这种关系能充分调动教与学两方面的积极性，使教学过程始终处于教师与学生协同活动、互相促进的状态之中。在教学中，教师应注重对学生的认知因素和情感因素的调动，加强与学生之间的情感交流，激发学生学习俄语的兴趣。教师要根据学生的不同特点，创造各种机会，让所有学生都积极参与到课堂教学活动中来。课上课下教师都要注意与学生及时沟通，根据学生的反馈准确了解学生情况，及时调控教学进程。

简言之，多媒体技术虽然给课堂教学注入了新的活力，有着传统教育媒体所不可企及的众多优势，但如果没有科学的教育观念做指导，没有合理的教学设计，再先进的教育技术也不可能取得令人满意的教学效果。教师在进行课堂教学时，要根据教学目标和教学内容的需要进行科学的有机组合，在继承传统教育媒体有效成分的基础上，合理充分地选择和应用现代教育媒体，使两者有机结合，扬长避短，互为补充，从而组成一个完整的教育信息传递系统，共同参与课堂教学的全过程，达到优化教学过程的目的。

第六章　基于微格模式的俄语教学研究

近年来，微格教学成为各个学科专业教育的重要手段，也是各大院校或专业教学实践研究的主要内容之一。俄语教学要跟上现代教育发展的步伐，与微格教学进行结合。本章将对微格教学进行概述，阐述微格教学的特性，分析俄语微格教学的教学设计与教案编写，研究俄语微格教学的教学评价。

第一节　微格教学概述

随着教育理念研究的不断深入和科学技术手段的发展进步，针对教师教学和学生学习全过程进行设计、开发、应用、管理和评价等各环节的一系列理论逐渐形成，声音、图像、文字、教学程序、教学反馈系统等逐渐融为一体。这些理论和教学方法被逐渐引入教师培训过程和师范生培养阶段，以解决教育实习不足，难以快速适应课堂教学环境，对指导意见缺乏直观感受，难以进行客观的自我评价和改进等问题，通过研究者的不断努力，逐渐形成了微格教学的概念。

一、微格教学的概念

微格教学是一种教学方法，它产生于美国，传入中国后又译为"微型教学""微观教学""小型教学"等。微格教学就是把整个综合的复杂教学过程进行分解，分解后的单一技能较容易掌握，受训者对这些单一技能分别进行训练。在训练过程中，用现代视听设备记录受训者的现场表现，结束后将声像记录通过回放设备进行回放，便于受训者及时接受指导、反馈和客观评价，并对自己的教学过程进行纠正和重新演练，通过不断循环反复直到熟练掌握该项技能的一种方法。

从本质上说，微格教学就是一种"细化"教学，它的"微"体现在课堂容量小，持续时间短，训练技能单一；"格"表示可以将整体像划分格子一样细分，并可将教学的过程通过影像播放。微格教学结合了教育学、心理学、系统工程、现代教育学、现代教育技术等基本理论，并借助了现代化的视听技术手段，是一种可控制的微型化教学及实践训练体系。

《教育大辞典》将其解释为："微型教学是指师范生或受训教师用 15 分钟左右的时间运用某种教学技能进行小规模的教学活动，录像后由教师和同学讨论、分析，是改进教学行为的有效方法。"

中国学者孟宪恺认为："微格教学的理论利用培根的自然哲学思想，将复杂的宏观层次上的教学活动进行分解。采用'任务分析法'和'活动分析法'技术，可在微观教学活动中建立稳定的教学技能模式，对教师的教学行为进行分类，每项教学技能是由一类在教学功能上有某种共性的教学行为构成的，它有理论阐述和对具体教学行为的模式描述，使教学行为成为可观察、可示范、可操作、可反馈评价的训练模式。"

中国学者黄晓东认为："微型教学法是在有限的时间和空间内，利用现代录音、录像等设备，训练某一技能、技巧的教学方法。"

因此，微格教学的概念可以定义为：微格教学是利用一个有控制的实践系统，使师范生或在职教师有可能集中解决某一特定的教学行为，或在有控制的条件下进行学习。它是建立在教学理论、视听理论和技术基础上，系统培训教师教学技能的方法。

微格教学训练可以概括为：把教学的完整过程细分为微型课题，有针对性地练习基本技能，遵守规范的标准，及时进行反馈和评估。微格教学为受训者提供了一个模拟教学环境，受训者在这个环境中可以进行教学能力训练，不但可以训练分解细化后的每一项教学技能，还可以及时获得大量的反馈和评估信息，从而切实提高自身的课堂教学能力。它是借助现代技术条件培养和训练教学能力的有效方法和手段。

二、微格教学系统

微格教学系统一般由主控室、示范室、观摩室、一间或多间微格教室组成，最简单的微格教学系统由微格教室与主控室组成。它运用现代视听技术，引入科学的管理手段，对教师教学技能进行训练。通过安装在微格教室内的摄像头、云台及拾音器，利用主控计算机和分控计算机可任意观察各摄像点情景和回送场景情况，并可对现场的摄像头进行各种角度及距离调整的操作，以达到观摩课的功能。因设计思想与理念的不同，有的微格教室将观摩室和示范室合二为一，统称为示范观摩室或示范室。

（一）微格教学系统的组成

下面以结构完整的普通微格教室为例，说明其组成及原理。

1.微格教室

微格教室是进行微格教学的场所。微格教室中的设备主要有摄像机、话筒等，以拾取模拟教师的声音和教学活动形象。如果有条件，还可配备一台摄像机来拾取模拟学生的学习反应情况。室内还配置电视机，用来播放已记录的教学过程录像，供同学们进行分析评价。基于网络的微格教室除装有一般微格教室设备外，还安装有多媒体组合系统、多媒体计算机局域网或因特网终端等。

2.主控室

主控室的主要设备包括视频切换器、混音器、录放像机、视频分配器、监视器等。来自每间微格教室的教学活动视频经切换器控制，一路送至录像机进行录像，另一路则可经视频分配器把教学实况信号送到观摩室，供同步评述分析。

3.示范室

示范室与各间微格教室、控制室组成一个双向闭路电视传输系统。在示范室里可以选择收看任意一间微格教室的教学训练活动的实况，也可以将示范教室的教学活动情况同步传输到各间微格教室。示范教室还可以作为学校闭路电视台的演播室，摄制新闻、艺术、采访、知识竞赛等节目。

4.观摩室

观摩室是装有电视机的普通教室。主控室中经视频切换器选择后的视频信号送到观摩室的电视机上，实时播放教学实况，供指导教师现场评述，使较多的学生观摩分析。随着现代信息技术的发展，数字化微格教学系统应运而生。其采用当前先进的数字化传输、存储和应用方案，整个系统由一个总控室和多间微格教室组成，是集微格教学、多媒体编辑、影音制作、多媒体存储中心、视频点播中心、数字化现场直播中心为一体的网络系统，人们可通过网络进行远程点播、观摩与评价。

（二）微格教学系统的功能

微格教学系统的主要功能表现在：

1.分组训练

微格教室可以同时开展一组或多组微格教学活动，同时对一个或多个学生进行模拟教学（或其他技能）训练。指导教师确定训练目标，将学生分组到各自的微格教室，扮演不同的角色进行短时训练。

2.示范教学

通过示范室，在开展微格教学前，指导教师先播放优秀教师课堂教学录像，为受训学生提供典型示范，让受训学生参照模仿。

3.反馈与评价

在微格教室中，教师借助摄像监视系统可以实时掌握每一组学生的训练情况，在模拟训练结束后能及时重播并将指导意见反馈给学生。此外，微格教学系统可以为学生提供多种形成性评价方式：可以是模拟教师通过重播自己训练的录像，肯定成绩，发现不足，进行自我评价；也可以是同组训练的模拟学生通过听课、一起观看重播录像，对模拟教师的教学情况进行讨论、分析和评价；指导教师也要对模拟教师的教学情况进行全面分析、评价并提出改进意见等。很显然，这些评价方式对帮助师范学生提高教学技能是非常有效的。

4.交互学习

在控制室内，指导教师可将某一微格教室的训练场景切换至其他多间教室的电视机上，同时对模拟师生进行同步评价，让各间教室的模拟师生相互学习讨论。

（三）微格教室的设计

微格教室的设计应能充分体现系统的先进性、开放性、实用性和易用性等特点。除要满足以上教学功能要求外，在设计过程中还应注意以下两点：

1.新旧媒体的综合使用

虽然数字技术已相当成熟，但传统媒体在直观性、情感性等方面有其不可替代的优点。新的媒体，如计算机多媒体、网络媒体等，主要表现在时空上的优势。它可以实现时空分离、异地同步等功能。因此，在微格教室的设计中应该把新旧媒体综合起来考虑，如在针对准教师的培训上，黑板、投影、幻灯等还是不可或缺的。

2.应考虑教室环境的设计

传统的微格教室存在着式样单一、空间狭窄等不妥之处，这容易使受训者的心情受到很大影响，从而在很大程度上影响受训者的受训效果。因此，为了使受训者在教室中能有宽松的环境，微格教室的环境应尽量做到灵活。在整体布局上要做到宽敞舒适，在座位的安排上应做到不固定，随时组合，以便根据教学目标的需要及时创设相应的教学氛围。

三、微格教学与传统教学对比

微格教学是训练师范生、类师范生、在职教师教学能力的一种方法。实践表明，同样是作为训练教学能力的方法，微格教学与传统的模拟整节课程的"教学试讲"教学实习方式相比，其目标单一、针对性强的教学能力训练方法效果是较明显的。

微格教学的特点可用一句话概括，即完整课堂碎片化，训练课题微型化，技能动作规范化，记录过程声像化，观摩评价及时化。微格教学训练与传统"教学试讲"方式相比，有以下五个重要特点。

（一）微格教学强调单一能力训练

传统的培养教学能力的方式是"教学试讲"，这种方式强调的是培训者按照正常的整节课方式进行"试讲"，其中由于涉及多种教学能力的运用，往往让学习者难以找到重点。而采用微格教学方式，则是将这些复杂的多个教学能力和过程进行细分，每次微格教学只针对某一个细分项进行重点训练，待彻底掌握这项技能后再训练下一项技能。这种逐项训练的方式，在便于学生明确重点的同时，能够使其更扎实地训练和掌握各项教学能力，为最终掌握综合性的教学能力打下基础，并运用到实际教学中形成实际的教学能力。

（二）微格教学的反馈更加直观

在训练教学能力的过程中，及时得到反馈是非常重要的一个环节，这能够让受训者进行必要的调整而完善自身，进而更好地训练和掌握各种教学能力。传统的"教学试讲"方式，授课者获得反馈意见的渠道只能是向听课者征求意见，由于听课者和授课者的身份、角色不同，听课者反馈的意见是从自身的角度出发的，在语言表达上的确切性也要欠缺些，这就导致授课者听到的反馈意见是间接的，明确指向性也要差一些。

而在微格教学中，采用的是摄像记录和录像回放方式，这样就允许授课者更直观地观察自己在教学过程中的"表现"，授课者的体会也是从自己的角度出发的，而且录像记录的一言一行和一举一动，都不会有任何细节的遗漏，这就使得授课者得到的反馈更加直接，指向性更加明确，覆盖范围更加全面，得到的印象也更加深刻，改进完善的效果也更加明显。

（三）微格教学中学生有多重身份

传统的"教学试讲"方式中，受训者只有两重角色：在进行理论学习和获取反馈时是学生角色，在试讲时是教师角色。但在微格教学过程中，受训学生除了以上的两重角色身份，还要对自己及小组成员的教学录像进行评价，这时又有了评价者的角色，而且学生—教师—评价者三重角色是不断交替变化的。

例如，当针对某一教学能力的训练达不到要求时，受训者就必须重新进行训练，这样其又从评价者变为教师角色，在反馈阶段，又变回学生角色。这种三重角色的不断转换，可以给受训者提供多重身份体验，提高他们的兴趣，增强训练的效率。

（四）微格教学将训练视为唯一的目的

对于师范生、类师范生、新任在职教师而言，传统的"教学试讲"方式一般是在"教学实习"阶段进行的。在该阶段，受训者在完成"试讲"的同时，达到了两个目的：一是训练了自身的教学能力，满足了训练的目的；二是完成了一定的教学任务（经常是面对真实环境，要完成一定的教学任务），具有实用性目的。

而在微格教学中，受训者纯粹只是训练和掌握各种教学能力，没有任何需要完成的教学任务，这种纯粹单一的目的，可以让受训者集中精力到训练上，而不用考虑任何的教学任务，从而更好地安排训练。

（五）微格教学操作简便、快捷

传统的"教学试讲"方式，是按照真实的40分钟左右的整节课程来安排的，试讲台下的学生也有几十人，教学中各个环节的安排也是按照真实课程来设计的，这种模拟真实课程课堂教学的训练方式，因为程序复杂，时间长，要关注的对象多，往往让初次接触教学的受训者很难处理。

而微格教学模式有每个小组成员少、反馈机制灵活高效、反馈信息简短、针对性强等特点，大大简化了分析反馈点评过程。因为微格教学的典型模式是将完整的一节课教学划分为数个5分钟左右的教学小段，使教学过程"碎片化"，4～5名成员组成一个小组，小组成员听完课后或观摩完录像后立即点评，避免了传统"教学试讲"方式人多量大的信息反馈导致受训者难以记忆的问题，所以能让初次接触教学的受训者更容易操作这些程序和步骤。

第二节　微格教学的特性

一般教学论和各科教学论的内容通常涉及课程论、学习论、教学过程、教学原则、学生非智力因素对教学的影响、教学测量与评价等。这些内容是在宏观教学活动层次上对一般教学系统或学科专业教学的一般规律的研究，涉及教师素质的内容往往是对教师所应具有的教学能力进行原则要求式的论述，缺乏对教学能力结构的深层次研究和培养途径的研究。

微格教学对课堂教学技能的研究填补了教学论和各科类别教学法研究的空白。微格教学的研究成果，说明了基本的教学技能是形成综合教学能力的基础，并对各学科课堂教学中应有哪些教学能力，各项教学能力分别是什么，以及教学能力的形成规律问题进行了较深入的研究，填补了对教学能力深层次问题研究的空白，为教学论向深层次和更实用的方向发展创造了条件。

一、微格教学的意义

微格教学的价值决定了微格教学的意义，微格教学的最大意义在于培养了受训者的各项教学能力。这里的受训者有师范生、类师范生、在职教师，对于师范生和类师范生，他们都可能走上教学岗位，为了在以后的教学活动中顺利完成教学目标，他们必须要掌握一些教学技能。对于在职教师来讲，要想不断提高自身专业水平和教学能力，就要不断开展教学研究活动。而通过微格教学训练，受训者不但能够提高运用各种教学技能的能力，还可以按照标准来规范自己的各种教学技能，并且对各种新的教学技能进行探索和研究。所以微格教学训练是师范生、类师范生掌握基本教学技能，形成综合性教学能力的重要途径，也是在职教师提高自身业务能力的重要渠道。

二、微格教学的独特价值

微格教学具有重要的价值，其主要体现在以下两个方面：

（一）技能训练价值

微格教学最重要的目的之一就是训练师范生、类师范生、在职教师教学能力。微格教学改变了传统的教师培训模式，将被动接受为主的方式变为主动参与的方式，提高了课堂活跃度，激发了受训者的学习积极性。微格教学不仅提高了受训者的教学知识和理论水平，而且提高了受训者的教学能力，在受训者进行课堂教学时，能够极大地提高课堂教学质量。

实践表明，同样是作为训练教学能力的方法，微格教学比传统的、模拟整节课程的"教学试讲"教学实习方式，具有鲜明的特点，即目标单一、针对性强、过程简短、反馈及时和效果明显等。

（二）教学研究价值

微格教学除了可以用于训练师范生、类师范生教学能力之外，还可以用于在职教师教学能力科学研究，研究者利用教学录像反馈机制，可以多次地、更加细致地对教学情境做深入研究，这比传统的靠模糊印象来开展教学研究的方式，要更加精准和高效。

李颖指出，微格教学放弃了以思辨性、经验性和个体性为特征的传统研究方法，将以客观性、系统性、具体性为特征的科学方法论和现代科学技术手段有效地应用于教学技能的研究开发和训练实践中。微格教学借鉴了自然科学中的研究方法，找到了一个合适的研究层次，并实现了对复杂教学活动变量的控制和训练过程的系统控制，使基础理论对实践的指导达到了可操作的水平。

三、微格教学的积极作用

微格教学对提高课堂教学质量和促进教学研究活动有以下几方面的重要作用。

（一）微格教学能够有效提高课堂教学质量

现代课堂教学的研究基本都是关于教学内容和整体性教学方法的研究，评价研究分析大都是针对整个课堂教学过程，局限于宏观层面，让教育者难以更加深入了解。而微格教学则是把整体性课堂教学中的综合性技能细分为多项单一教学技能，这样有利于教育者对每项技能深入分析和研究，作出的评价更具针对性，使课堂教学研究的层次和程度更加深入，有利于课堂教学质量的提高。

（二）微格教学能够有效提升教学活动质量

微格教学的一大特点就是改变了传统教学的一些模式。例如，微格教学改变了传统教学中以教师讲解为主、师生互动较少的方式，而采用录像回放、即时点评等方式加强了课堂的师生互动性。另外，微格教学改变了传统的评课方式，通过录像回放，可以观察被评价对象的各种教学技能的掌握和运用能力，而不仅仅是局限于知识结构、程序环节等宏观层面的特征，这样不但可以提高课堂教学的质量，而且可以使教学科研活动更具有目的性，科研目标更加精准。

微格教学既可以用于师范类和类师范类学生教学能力的培养，也可以用于在职教师的教学科研活动和教学能力的提高。要充分认识微格教学的意义，在日常的教学科研中就要充分结合微格教学的特点，将微格教学切实运用于日常的教学和科研活动中，让微格教学成为真正提高教学科研能力的手段。

第三节　俄语微格教学的教学设计与教案编写

一、俄语微格教学的教学设计

在微格训练过程中，受训者在学习完每一项教学技能之后，紧接着要通过一堂简短的微型课对所学的教学技能进行实践训练，使其理论在实践的过程中提高和完善。如何根据教学内容和技能训练目标，对微型课的教学方案和教学过程进行设计，将要训练的教学技能恰如其分地运用于课堂教学过程，是微格教学训练中极其重要而艰难的工作。

这项工作几乎贯穿微格教学训练的全过程，我们在教学改革实践中要求受训者从教学设计的高度认识并操作整个过程，从而使微格教学的训练方案更加科学有序。为此，根据教学设计的原理和方法，并结合微格教学的特点和方法，对微格教学的教学设计原理和模式概括如下。

（一）俄语微格教学设计的基本概念

微格教学的教学设计是根据课堂教学目标和教学技能训练目标,运用系统方法分析教学问题和需要建立解决教学问题的教学策略微观方案、试行解决方案、评价试行结果和对方案进行修改的过程。它以优化教学效果和培训教学技能为目的，以学习理论、教学理论和传播理论为基础。

微格教学的教学设计与一般的课堂教学设计既有联系，又有区别。一般的课堂教学设计对象是一个完整的单元课，教学过程完整地包括导入、讲解、练习、总结评价等教学各阶段。而微格教学通常都是比较简短的，微格教学设计是对一个教学片段的设计，以一两个教学技能为主。因此，它就不能像课堂教学设计那样主要从宏观的结构要素来分析，而是要把一个事实、概念、原理或方法等当作一套过程来具体设计。

从表面来看，微格教学的教学目的是让受训者实践所学的教学技能，逐渐熟练地掌握各种教学技能，所以微格教学设计就不像一般教学设计那样必须涉及教学的全过程（当然要考虑这个片段与全过程的关系）。否则教学片段变得过于冗长，不利于教学技能的训练。但实际上，无论是哪一项教学技能的训练，都是运用这些技能和方法激发学生学习的内驱力，促进思维，从而实现教学目标，其过程是一个微观的课堂教学设计。

因此，在教学技能训练的过程中就存在着两个教学目标，一是使受训者掌握教学技能的目标；二是通过技能的运用，实现俄语教学目标。教学技能是实现教学目标的方法和措施，而课堂教学目标所达到的程度是对教学技能的检验和体现，两者紧密联系、互相依存。为此，微格教学的教学设计既要遵循课堂教学设计的原理和方法，又要体现微格教学的教学技能训练特点。

（二）俄语微格教学设计的原则

微格教学将日常复杂的课堂教学进行分解和简化,并为培训教学技能而建构了科学的训练环境和方法,使受训者获得大量和及时的反馈信息。因此,微格教学的教学设计原理和方法具有下列明显特征。

1.目标控制原则

教学目标制约着教学设计的方向,不仅对教学活动的设计起着指导作用,还是教学评价的主要依据。在进行微格教学训练时,训练任何一项教学技能,针对任何一项简短的教学内容都必须受到教学目标的控制。如前所述,微格教学的目标具有课堂教学和技能训练的双重目标。微格教学作为课堂教学的子部分,其目的是在实现课堂教学目标的前提下灵活运用教学技能并掌握教学技能。

微格教学的教学设计必须以实现课堂教学目标为先导,以教学技能训练目标为手段进行教学策略的微观方案设计。若偏离了课堂教学目标,不管运用了什么样的教学技能都是无意义的。同时,为达到预定的教学目标,受训者又必须熟练掌握和灵活运用教学技能,只有明确教学技能的训练目标,才能更好地实现课堂教学目标。

2.系统设计原则

微格教学包括了教师、学生、课程(教学信息要素)和教学条件(物质要素)四个最基本的教学系统构成性要素,涉及教学目标、教学内容、教学方法、教学媒体、教学组织形式、学习结果和评价等过程性要素及其相互关系,是包含各种教学要素的复杂的、微观的课堂教学子系统。也就是说,微格教学是微观层次的教学系统,其教学设计的研究对象是微观的教学传播过程。

因此,微格教学的教学设计过程应体现教学系统设计的思想和方法。具体来说,就是在微格教学的系统设计过程中,通过系统分析技术(学习需要分析、学习内容分析、学习者分析)形成制定、选择教学策略的基础,通过解决问题的策略优化技术(教学策略的制定、教学媒体的选择)以及评价调控技术(试验、形成性评价、修改和总结性评价),使解决复杂教学问题的最优微观教学方案逐步形成,并取得最佳的学习效果。

3.优选决策原则

教学策略是对完成特定的教学目标而采用的教学活动的程序、方法、形式和媒体等因素的总体考虑。它具有指示性和灵活性,而不具有规定性和刻板性,可以较好地发挥教学理论具体化和教学活动方式概括化的作用。

对于教学来说，没有任何单一的策略能够适用所有的情况。最好的教学策略是在一定的情况下达到特定教学目标的最有效的方法论体系。为了达到特定教学目标，必须充分考虑多种不同的教学策略，包括选择和设计课堂教学过程和教学媒体等，优选出具有实际可操性的教学方案，力争使用最佳的教学策略于特定的教学情境。

4.反馈评价原则

教育传播理论认为，反馈是教育传播过程中的重要因素，它可以使教育传播过程成为双向交流系统，使教育者了解到信息的传递效果，并对学生的学习状况作出及时准确的评价，对自身的传播行为作出改进。

当课结束后，受训者可及时观看自己的授课记录，并与指导教师和同学进行讨论评价，从而获得广泛而深入的评价反馈信息，找出改进教学效果的方法和提高教学技能的对策。因此，进行微格教学的教学设计时，应充分利用教学设计的评价原理和方法，提高微格教学训练的教学效果和培训效果。

（三）俄语微格教学的教学设计模式

根据教学设计的原理和方法，结合教学技能训练的特点，我们在系统分析的基础上，提出一个适合微格教学技能训练的教学设计模式。该模式以教学设计过程的一般模式作为设计的基本框架，充分考虑了微格教学技能的训练特点，体现了微格教学的教学设计的一般步骤。

微格教学训练的教学设计模式包括三个阶段：

第一阶段是前期分析，包括钻研教学大纲和教材、教学内容分析、学习者分析、教学目标和训练目标的阐明；

第二阶段是教学策略的确定，涉及课堂教学策略和教学技能策略的设计（其中包括教学方法的选择和组织、教师活动的设计、教学技能训练的设计、学生学习活动的设计、教学媒体的选择和制作）；

第三阶段是微格课的教学设计成果试行、评价、修改，也就是微格课的训练、微格课教学方案和技能运用的评价和修改。

各设计步骤详述如下：

1.钻研教学大纲和教材

微格教学的技能训练，虽然只是通过某一简短的教学内容训练若干项教学技能，但这一简短的教学内容必须以教材内容为客观依据来组织。微格教学设计的优劣，取决于受训者对教材的理解、分析和研究。

2.教学内容分析

教学内容分析就是教师依据教学大纲，结合学生的实际情况，在钻研教学大纲和教材内容的基础上，确定学生所应掌握的知识体系结构，突出教学重点，明确教学难点，以使教学更有成效。微格教学训练的教学内容，虽然只是某个事实、概念、问题或过程，但是须明确这一简短教学内容在课程知识体系中的地位和关系，并分析这一教学内容的微观结构和内容组织。

3.学习者分析

学习者分析是教学设计的一个重要步骤，它是分析教学起点、决定目标体系、选择教学策略、设计教学活动、制定评价方法和工具的重要依据。微格教学训练时的学习者由受训者的同伴来扮演，模拟训练课堂内存在着师生相互作用，学习者分析的重要性不亚于一般的课堂教学设计。

进行微格教学训练时，主要引导受训者从两个方面来进行学习者分析：

（1）学习者的一般特征；

（2）学习者原有知识与技能基础。

4.教学目标和训练目标的阐明

教学目标是教师和学生通过教和学的活动所预期要实现的学生行为的变化，是教学过程所依据的指标，同时也是评价教与学活动的依据。微型课技能训练有着双重目标，因此其目标阐明方面是将教学内容分解为若干知识点，确定每个知识点要达到的学习水平等级，并用行为动词加以描述，另一方面则是确定要训练的技能目标。在阐明目标时，应遵循以下几点要求：

（1）教学目标和训练目标都要明确具体；

（2）便于测量和评价教学目标和训练目标；

（3）具有可行性，便于训练操作。

（四）俄语微格教学设计的教学策略

教学策略是对完成特定的教学目标而采用的教学活动的程序、方法、形式和媒体等因素的总体考虑。教学策略主要是解决教师"如何教"和学生"如何学"的问题，是教学设计的重点。微格教学的目的是通过微观研究的方法培训课堂教学技能，因此微型课的教学策略除了要考虑一般课堂教学设计的教学方法、教学过程、教学媒体等策略因素之外，还要具体设计教师的教学行为和学生的学习行为，以及如何具体训练各项教学技能，才能促使受训者的思维和行为方式受到微观具体的训练。

针对不同的学科、不同的教学任务、不同的教学对象，微格教学设计制定的策略各有不同。但在课堂教学活动程序上，都应遵循人类学习和教学的一般规律。

根据学与教的理论，各类学习（认知、态度和运动技能等）所共有的内部机制都可用加涅的"九种的学习内部过程"解释，相应地，课堂教学活动可划分为九个阶段：

（1）引起注意；

（2）告诉学生目标；

（3）刺激对先前学习的回忆；

（4）呈现刺激材料；

（5）提供学习指导；

（6）诱引行为；

（7）提供反馈；

（8）评定行为；

（9）增强记忆与促进迁移。

这九个阶段为微格教学最重要的综合技能——导入技能、讲解技能和结束技能的训练提供了有力的理论依据。导入技能的微型课教学活动策略，一般根据"引起注意—告诉学生目标—刺激对先前学习的回忆"这三个教学阶段规律展开设计。讲解技能的微型课则围绕着"呈示刺激材料—提供学习指导—诱引行为—提供反馈"的教学阶段规律进行教学策略设计。至于结束技能的微型课则要进行"评定行为—增强记忆与促进迁移"的教学活动设计。

虽然微格教学分解了完整的课堂教学过程，但在训练各项教学技能时仍依据课堂教学的活动规律进行教学策略的设计，从而保证了教学技能微观训练和课堂教学能力培养的统一。

（五）俄语微型课教学设计成果的试行、评价、修改

经前端分析和教学策略的制定，受训者已设计和编写了微型教案，接下来就要在教

学情境中进行教学方案的试行和教学技能的实际训练了，这也就是微型课教学设计成果的试行、评价和修改。它们既是教学设计过程中的主要环节，也是微格教学技能训练的中心环节。

通过试行和评价，受训者以角色扮演的方式参与了教学训练的实践活动，在试讲之后又通过录像反馈的方式与指导教师和学习伙伴进行讨论评价，从而获得微型教案、试讲和教学技能训练的反馈信息。在试行和评价的基础上，受训者修改教案、反省自身的教学行为、筹划重教训练，教学设计能力和教学技能得以进一步提高。

二、俄语微格教学的教案编写

在进行微格教学时，确定学生所训练的教学技能内容后，编写教案则是一项重要的工作。教案是课堂教学组织、设计的具体方案，是实施教学过程的依据，又是完成教学计划的重要保证。没有一个好的教案，就不可能上好微格教学课。

（一）俄语微格教学教案编写的要点

微格教学课是以培训教师的技能为目的，以训练教师的"诊断"教学能力为目标，要求把课堂教学活动变得更加实际，特别重视师生双方活动的两个变量的影响和变化，以促进学习。从微格教学的表面上看，它是使受训者掌握教学技能，如讲解、提问、导入等，但它的实质是受训者学会运用教学技能，激发学生的学习，促进学生思维及掌握知识，从而提高教学质量。

也就是说，微格教学注重教学的"诊断"及诊断后采取的措施。从理论上看，微格教学所设计的教学是人类学习才能的五种类型：智力技能、认知策略、语言信息、运动技能和态度。微格教学授课内容少，课时短，学员通过一小阶段的教学训练，被加涅称为一个"学习事件"。这个教学事件过程又可分为若干阶段，每一个阶段是一个信息加工过程（信息输入—加工—输出过程）。

信息加工是学习的关键，教师必须懂得如何为信息内部加工创造良好的外部条件，促进学习者内部因素发挥作用，知道这一点，就掌握了微格教学课的基本宗旨。

总之，微格教学课堂系统是由相互联系、相互作用的多种要素构成的，如何组织、设计一堂课，把各要素协调起来，形成一个有机的整体，并通过反馈给予完善和改进，这是微格教学备课时必须把握的关键之一。

（二）俄语微格教学教案设计的特点

根据微格教学课的特点，俄语微格教学课教案设计应该抓住以下几点：

1.制定明确的教学目标

用明确的行为目标来表示，能够被观察和操作。在认知领域通常用布鲁姆的教育目标分类，即知识、领会、运用、分析、综合、评价六个层次。我国学科教学目标一般分为了解、理解、掌握、运用、评价五级水平。

2.教学行为与学习行为相结合

根据教材内容，在组织教学时，教师的教学行为和学生的学习行为要有机结合起来。在注重教学技能练习的同时，又要注意到这些技能在教学实际中的使用效果。如果只重视教师在微格教学课上如何演练技能，而不重视教学的对象及教学效果，就失去了微格教学的培训意义。

3.注明掌握技能

受训者应掌握的技能是明确的，各单项教学技能群的训练点必须清晰，也就是说，在哪个教学阶段使用何种技能都要一一注明，不能有丝毫含糊之处，这样才能使培训取得好效果。

（三）俄语微格教学的教案内容

按一般微格课堂教学的要求，微格教学课教案设计应包括如下内容：

1.教学目标

这是微格教学课教案的首项内容。教学目标的制定是备课的前提，制定教学目标要紧紧围绕微格课的教材内容进行。在制定教学目标时易出现两个毛病：

（1）目标定得太大，参照参考书，不顾课堂实际情况。

（2）制定教学目标不细致，含糊，笼统。

指导教师必须对教学目标的制定予以指导。钻研教学目标能帮助年轻教师理解教学大纲，帮助他们深钻教材，引导他们正确地使用教学技能。

2.教师的教学行为

教师在授课过程中的行为包括板书、演示、讲授、提问等若干活动，这都要在教案中写清楚。教师的教学行为要预先经过周密设定，与教学时间一栏相对应，这样才能使自己的教案更具有可行性。

年轻教师讲授微格课，因为没有经验，对教学过程掌握不好，有时扩大了预定行为范围，有时又缩小了自己的教学行为范围，这都需要指导教师事前提醒，提出一些应对课堂变化的建议。尤其是现代课堂教学，由于支持教学的媒体很多，单就教学媒体的使用来说，如果事先不策划好，很可能影响教学进程。

3.学生的行为

它是教师备课中预想的学生行为。学生的课堂行为主要有观察、回忆、回答、操作、活动等。在备课中预想学生行为是非常重要的，年轻教师备课往往一厢情愿，只顾自己怎样讲课，不注重对学生的组织与反应，结果在实际课堂教学中常出现冷场、偏离教学目标等现象，使得课堂教学失去控制，完不成教学任务。

比如讲课时，教师随便叫一个学生回答一个简单的导向性问题，正常情况下学生回答后应立即转入下面的教学行动，可是这个学生支吾了半天也没回答准，拖延了教学时间，这从表面上看是课堂中出现的问题，实际上是教师备课中对学生的预想回答未予足够的重视，事先无准备造成的。

在上课过程中学生怎样活动，以及参与活动的各种行为的每一个细微之处，教师都应考虑到。微格教学课，时间紧凑，环节衔接紧密，稍有不当就容易拖堂，影响授课任务的完成。

4.教师应掌握的技能要素

在教学进行过程中，教师的教学技能设计应具体、明确。在一节复杂的课堂教学中，教师的教学行为表现是多方面的，单就使用的教学技能来说也有若干分类。在教案中应注明目前主要培训的技能要素。

比如培训提问技能，就要注明教学过程中提问各个类型的使用以及提问构成要素。这样，从教案中就可以了解教师提问的思路，教师是否掌握了各种提问类型，以及提问是否流畅。指导教师在审教案时，就可以针对存在的问题对学员进行指导帮助，从而保证上课质量，做到防患于未然。

5.需要准备的视听教材

教师需要在教案中把自己将使用的视听材料加以注明，以便课前准备，课中使用。

板书也应在这栏中注明。

6.时间分配

微格教学要求严格控制教学过程的每一个环节，忌拖堂。

（四）俄语微格教学教案的批阅

学员写好微格教学教案，要由指导教师批阅。

1.正确识别教学技能

有的学员由于不能识别应掌握的技能，造成上课的盲目性，使培训收不到预期效果。这种现象时有发生，指导教师应予重视。

2.明确课堂评价内容

在编写教案时，学员还应明确上课时的课堂评价内容。只有具有评价意识，上课才能做到心中有标准，这还有助于提高编写教案质量以及上课后对教案的再修改，容易做到自我监控。

3.重视对教案设计的研讨和分析

学员编写教案不是走过场，教案对教师上课行为有约束力。原则上讲，制定教案的每一步都应有科学的依据。所以，学员必须明确编写教案的每一个细节要求，做到心中有数。

4.编写教案要注重实效性

微格教学的特点在于"微"字，所谓注重实效性是指对课堂教学的教案编写不要贪多、贪大、求全。也就是说，应把握教学过程的整体性与阶段性。微格教学是讲授一小部分内容、整篇文章的一小段，它只是教学过程中的一个小阶段。

编写教案还要把握知识的完整性与掌握知识的局限性。某一个知识，如中心思想只有讲完全文才能归纳出来；某一重点词，有时需要前后文联系才能讲透，微格教学却只完成一小阶段教学目标。抓住上述特点设计教案才能使微格教学训练趋于科学、合理。

（五）俄语微格教学教案的再修改

学员设计好教案，拿它去上课，上课后经过反馈评价，发现了自己的长处和不足，经过总结、学习，还要再上微格课。理所当然，课前还要再修改原教案。如何指导学员修改教案呢？由于指导教师听课时以教案为依据，充分了解教案的执行情况，评价课也要与教案和课堂实际教学对照，这就为指导学员修改教案提供了充分条件。

修改教案要以学员为主，指导教师指导为辅，多启发学员自己动脑动手，这样做，有利于学员能力的提高。修改教案可从以下几点入手：

（1）教学目标是否准确。目标过大或过小都要在第二次上课之前给予纠正。

（2）教学技能使用是否恰当。不适合课堂实际的方式要纠正。例如，一位教师在学生做练习时巡视，运用的是"走动"这一非语言技能，检查汇报时有两名学生举手说："做错题了。"老师当即说："那好，下课再说。"课后反馈时，这位教师意识到上课时"走动"这一技能运用不当。其实，教师通过走动，当时就可以发现学生的错误并给予指正。所以这位教师在修改教案时注明了走动的目的和时机，使"走动"技能运用得更加成熟。

（3）对学生预想回答是否估计失实。对失实之处给予重新估计并拟出相应对策。

（4）教学媒体准备是否恰当，使用是否科学、规范，如有不当之处应在教案中加以修正。

第四节　俄语微格教学评价

一、俄语微格教学评价体系的建立

（一）俄语微格教学评价的性质

微格教学的全过程中既有诊断性评价，也有形成性评价。在微格教学活动中，导师和学员通过各种活动形式，如理论学习研究、技能观摩讨论、相互听课、角色扮演等，得到了来自多个方面的反馈信息，从而对学员的课堂教学特点及基本技能运用程度有了一定认识，这就是诊断性评价。

所谓形成性评价，即在微格教学的评价阶段，通过具体的系统性评议讨论，导师和全体成员努力开发对这个过程最为有用的各类证据，探寻并记录下形成这些证据的最为有用的方式。这是微格教学活动群体中每一个成员都积极参与的结果。

信息反馈和改正提高是形成性评价的必要因素。微格教学的活动过程中，反馈信息是多方面的，有来自小组同伴的反馈，有来自导师的反馈，也有来自执教者的自我反馈，而且与其他教学活动所不同的是微格教学的反馈信息能做到因人而异，既有针对性又有比较性，并通过活动中的特有交流方式达到改正提高的目的。参加微格教学学习的个人能学会以前没有掌握的技能要领，能纠正过去尚未察觉的缺点和错误，并明确今后努力提高的方向。

微格教学的评价结果不是单纯看被评者的统计得分，而要强调从诊断性评价和形成性评价的比较中来判断价值。无论参与者是师范生还是有一定教学经验的教师，最重要的是提高和发展。

（二）俄语微格教学评价的方法

课堂教学基本技能一般可分为十种。总体可概括为：

（1）掌握教材的内容、重点、系统和逻辑结构的能力；

（2）根据教学大纲、教材和学生实际确定教学的目的和任务的能力；

（3）运用教学基本原则分析教材，对教材进行处理加工的能力；

（4）掌握一般的启发式的方法；

（5）讲课语言准确、流畅、有条理、无语病；

（6）会书写规范工整、布局合理的板书；

（7）从学生的作业、答问、测验中了解、研究学生；

（8）能维持良好的教学秩序；

（9）全面组织、安排一堂课的教学过程；

（10）组织和培养班集体。

从上面我们可以看出，在评价教师课堂教学的时候，一般都从与实现教学目标紧密相关的教师教学的基本技能出发来测量教师的教学效果。

在对课堂教学进行评价时，一般分为好、中、差三级。另外，在评价量表的每项指标下面要设问题记述栏，以作为记录评定的依据。这样，即使不相同的评定，也可以明确是根据什么样的教学行为进行评定的。

在进行教学观察评价前,重要的是要充分了解课程的设计思想及将要使用的具体办法,根据掌握的情况对每项指标进行评定。也就是说,要评定出教师是否能用具体的教学行为来实现具体的教学设计意图。

(三)俄语微格教学评价的标准

1.教学目标明确,课堂体现好

评为"好":教学目标明确、具体、可观察、可测量。在导入新课和新问题时,能有效地应用导入技能,与教学目标联系密切。教学内容安排符合目标要求,并能采取有效的方法使多数学生达到教学目标。课程结束时能总结概括,检查学生达到目标的程度。

评为"差":教学目标表述不清,难以进行观察和测量。导入时不能集中学生的注意力,不能激发其学习动机。课程结束时不检查学生是否达到了目标的要求。

2.内容安排系统性、逻辑性强,概念科学准确

评为"好":对教学内容掌握熟练,思路清晰,前后知识连贯,程序安排具有较强的层次和逻辑性。概念的讲解和形成科学准确,举例恰当,并能用正反例从不同的角度加以说明。

评为"差":教学内容掌握得不熟练,前后知识的讲解联系不紧密。对概念表述不清或综合概括不全面,解释时有科学性错误。

3.提问的技能

评为"好":提问的意图明确连贯,问题设计合理,能适当地掌握提问的速度。被提问的学生面较宽。当学生不理解时,能用不同的方式进行两次提问,当学生答不出或回答不完全时,能启发诱导或进行追加提问。提问后能对学生的回答恰如其分地评价。

评为"差":提问意图不明确,学生不理解时不能进行有效的再提问。提问面窄,不能使多数学生参与教学过程。

4.语言说明的技能

评为"好":讲解、说明语言简练、生动、连贯,能确切地向学生表达所要说明的问题或意图。声音洪亮,发音准确,面对全体学生讲话,学生听起来亲切有趣。

评为"差":讲解、说明意图不确切,声音小而含混,不能面对全体学生,不能帮助学生较好地理解教学内容。

5.非语言教学的技能

评为"好"：能有效地利用动作、手势等表示出对问题的强调或对形象的表现。能用微笑、目光投向等与学生进行感情的交流。能用停顿、沉默表达教学意图。

评为"差"：缺乏表现力和身体动作等非语言交流能力，表情死板呆滞，严肃有余。

6.反馈强化的技能

评为"好"：能够耐心地倾听学生的意见，较快地对反应作出正确的判断，及时地给予肯定或纠正；鼓励学生发表自己的意见，及时地进行必要的指导。对差等生不歧视，对故意捣乱者不粗暴。

评为"差"：不愿听学生的不同意见或解释，发现错误时不启发引导，而是指责、批评损伤学生的自尊心。当学生答不出时，一股脑地把答案端给学生，不注意促进学生思维能力的发展。

7.演示实验的技能

评为"好"：演示实验目的性强。演示前交代清楚，实验装置简单、安全、可靠，用时短，效果好。演示的程序、步骤清楚，操作正确，示范性强，并与讲解恰当结合，将感知转化为思维活动。当实验不成功时，能实事求是地进行解释。

评为"差"：对实验安排计划性不强，目的交代不清，演示操作忙乱，不能引导学生进行正确观察，实验效果不明显。

8.演示教学媒体的技能

评为"好"：能够根据不同的教学内容恰当地选择教学媒体，演示前能制造学生心理上的需求，使用适时。演示与提问、讲解有机配合，操作熟练正确，声像清晰，并注意培养学生的观察能力。

评为"差"：不注意利用对教学有用的媒体，或者使用不适当，效果不好。演示不能与讲解有机结合，不能引导学生观察。

9.板书、板图技能

评为"好"：在课堂教学设计时做好板书、板图计划，配合教学过程，有顺序、有联系地随着学生的思考适时呈现。板书、板图安排逻辑性强，位置恰当，字迹工整，没有错别字。

评为"差"：板书、板图计划性不强，杂乱无章，字迹潦草，甚至难以辨认。

10.按时完成课时计划，并有较强的应变能力。

评为"好"：教学过程能按计划有条不紊地进行，时间掌握好。但又能随时观察学生的反应，采取相应的措施，做到随机应变，不完全受教案的约束，不照本宣科。

评为"差"：不按计划授课，抓不着中心内容，或不敢离开教案，照本宣科，一旦发生未预料到的情况不能应付。

（四）俄语微格教学评价的实施

1.分等评价法

导师准备好小组角色扮演的录像资料和各项技能的评价记录表。在播放某一段微格教学的录像资料前可以先请执教者向小组全体成员介绍自己设计这一教学片段的意图，包括教学的目标、技能、方法等，然后导师和全组成员一起观看录像。小组观摩完毕，开始讨论评议。执教者本人可以做观看后的自我评议，评述自己原来设想的教学目标哪些达到了，哪些没有达到。

小组评议可以根据每一项课堂教学技能的评价量表来对照分析讨论。导师要启发和鼓励每位学员积极参加小组评议，让学员懂得课堂教学技能的评价能力的提高对提高课堂教学质量是很有帮助的。通过讨论，大家一起定性地评述运用某项教学技能的情况，肯定优点，提出改进意见。

在定性评价的同时，可以采用定量评价的方式。在观摩微格教学片段时，每位小组成员都是评价员。学员可以利用事先设计好的各种微格教学技能评价记录量表，在每一评价项目旁边的对应等级处作出相应评价的记号。然后，利用教学评价统计软件，将每份评价单的测量值逐一输入计算机，经过计算机运算处理后可以打出一定的分数值。这种分等评价法用了定性和定量结合的方式，比较客观。最后，由导师根据小组评议情况和定量结果进行小结，书写评语。

在采用分等评价法时，应注意以下几点：

（1）在微格教学实习前要了解每项技能的要点；

（2）在观摩微格教学片段前要阅读有关技能的指标体系中的各项评价内容；

（3）在观摩评价过程中，对微格教学片段中没有涉及的项目以评中间等级为宜；

（4）不必将各个项目的等级相加，因为它们没有相加性；

（5）必须强调的是微格教学的评价目的不是看最后得分多少，而是看在整个微格教学实施过程中对运用课堂教学技能的理解和掌握程度。

2.评价数据的统计

任何有效的评价都必须依靠最佳的技术和手段。测量采用的技术是多方面的，有定性的、定量的、相对的、绝对的。评价的方法有观察法、问卷法、考试法等。

在微格教学中主要运用数理统计的方法，对一些主要评价因素进行客观的测量，同时又能运用计算机加以处理，作出定量的判断。当然，这种方法还要与对教学的观察、讨论和评议相结合，对微格教学作出全面评价。

二、俄语微格教学评价的意义

微格教学的评价是微格教学的一个重要组成部分。其评价的重点是在课堂教学的技能、技巧方面，评价的目的在于考查学员对各项课堂教学技能的掌握和提高程度。微格教学评价的意义有以下几个方面：

（一）有助于教学信息的及时、直观反馈

从控制论的观点来看，反馈是很重要的。教育学上的传统反馈形式是指教师上完课后通过回忆听取来自评课者的反馈和来自学生的反馈。但有时执教者很难理解这些评议，因为他想象不出自己教学行为的形象是如何的。微格教学则利用了现代化的设备，记录下了全面的现场资料，评价时小组成员包括执教者自己可以反复观看自己的微格教学课录像。

因而，评价者不仅可以得到来自评课者和学生的两种反馈，而且还可以得到来自执教者自身的反馈，执教者可以自己发现教学行为中的优缺点。从心理学的观点出发，这一反馈无疑是一个强刺激，最能强化行为人的优点，并改正行为人的缺点，所以在微格教学的评价中所接收到的反馈信息是及时全面的。

微格教学又是一个受控制的实践系统。微格教学的评价使师生双方能及时全面地获得反馈信息。

（二）有助于教学理论与实践良好融合

从信息论的观点来看，学员观看示范录像是对复杂的教学过程的一种形象化解释。

学员从各种风格的教学示范中得到的是大量有声有像的信息,而这种信息是最易被接收的, 因为视觉神经的信息接收能力要比听觉神经的信息接收能力大得多。

在微格教学的理论学习阶段,学员已经从理论上学习、分析了各项课堂教学技能的作用、方法和要领;在角色扮演阶段又亲自运用了某项教学技能进行微格课的实践;在微格教学的评价过程中,通过讨论评议,将各项教学技能的理论和实践科学地结合起来,从观察、模仿到综合分析,形成了完整的课堂教学艺术。

第七章　基于微课模式的俄语教学研究

　　随着信息化时代的到来，网络通信技术发展日新月异，"微"成为进驻各领域名词的一个开头定语，如微博、微电影、微信等，教育也面临着"微"的同化。以短小精悍的教学视频为呈现形式的微课，正在影响着我国教育教学改革的发展趋势，成为日渐成熟的新型教育教学资源。俄语教学也应该结合微课模式，推动自身发展。本章将解读微课的基本知识，探析微课的典型教学模式：翻转课堂，分析俄语微课教学的必备条件，阐述微课在俄语专业实践课教学中应用的原则与要求，讨论微课在俄语专业实践课教学中的具体实施。

第一节　微课基本知识解读

一、微课的定义

　　胡铁生于 2010 年在国内率先提出了"微课程"概念，即微网络课程。微课是微课程的简称，它是以微型教学视频为主要载体，针对某个学科知识点（如重点、难点、疑点、考点等）或教学环节（如学习活动、主题、实验、任务等）而设计开发的一种情景化、支持多种学习方式的微型在线视频网络课程。

　　后来，胡铁生又提出了微课定义：微课是根据新课程标准和课堂教学实际，以教学视频为主要载体，记录教师在课堂教学中针对某个知识点或教学环节而开展的精彩教与学活动中所需各种教学资源的有机结合体。

胡铁生于 2013 年 2 月 28 日在教育部东莞微课培训会上又提出了新的微课定义，认为微课是以微型教学视频为主要载体，针对某个学科知识点（如重点、难点、疑点、考点等）或教学环节（如学习活动、主题、实验、任务等）而设计开发的一种情景化、支持多种学习方式的在线视频课程资源。

胡铁生对微课定义的 3 个版本的内涵有明显的不同，第一次定义把微课和微课程作为同一个概念，是与慕课相对应的微型开放网络课程，是一门完整的微型课程。第二次把微课定义为以讲授某个知识点或某个教学环境的微型课。第三次对微课的定义有些模糊不清，既说微课就是微课程，又说是针对某个学科知识点或教学环节而设计开发的在线视频课程资源。讲授某个学科知识点或教学环节的是一堂微型课，而微课程是一门完整的课程，包含一系列相关的学科知识点或教学环节。

二、微课的资源构成

微课的资源基本构成可以用"非常 4+1"来概括。

"1"是微课的最核心资源，即一段精彩的教学视频，一般为 5 分钟左右，最长不宜超过 10 分钟。这段视频应能集中反映教师针对某个知识点、具体问题或教学环节而开展的精彩的教与学的活动过程，教学形式和教学活动地点可以多样化，不一定局限在教室或课堂上。

"4"是要提供 4 个与这段教学视频（知识点）相配套的、密切相关的教与学辅助资源，即微教案（或微学案）、微课件（或微学件）、微练习（或微思考）和微反思（或微反馈），这些资源以一定的结构关系和网页的呈现方式"营造"了一个半开放的、相对完整的、交互性良好的教与学应用生态环境。

"微视频"时长一般为 5 分钟左右，建议不超过 10 分钟。

"微教案"是指微课教学活动的简要设计和说明。

"微课件"是指在微课教学过程中所用到的多媒体教学课件等。

"微习题"是根据微课教学内容而设计的练习测试题目。

"微反思"是指执教者在微课教学活动之后的体会、反思、改进措施等。

三、微课的特征

在平时的课堂教学中，教学的重点都是围绕某一个知识点展开，在长达 40 分钟的课堂上，精彩的环节是短暂的、瞬间的。这是因为学生的注意力往往只能保持在 10～15 分钟内，若注意力长时间得不到缓解、放松，学生就很难保持学习兴趣，从而很难获得理想的教学效果。

微课的意义就在于它不是把所有的教学内容都以视频的形式给学生展示出来，而是利用 5～10 分钟的时间把教学的重点、难点、疑点等内容以视频的形式展示出来，而 5～10 分钟的视频也便于学生在网络上观看或者从网络上下载。最主要的是它能够重复利用，易修改，能更好地满足师生的个性化教学和个性化学习需求。具体来说，微课具有以下几个特点：

（一）教学时间短

教学视频是微课的核心组成内容。根据学生的认知特点和学习规律，"微课"的时长一般为 5～8 分钟，最长不宜超过 10 分钟。因此，相对于传统的 40 或 45 分钟一节课的教学课例来说，"微课"可以称为"课例片段"或"微课例"。

（二）教学内容少

相对于较宽泛的传统课堂，"微课"的问题聚集，主题突出，更适合当下教师的需要。"微课"主要是为了突出课堂教学中某个学科的知识点，如教学中重点、难点、疑点内容的教学，或是反映课堂中某个教学环节、教学主题的教与学活动。相对于传统一节课要完成的复杂众多的教学内容，"微课"的内容更加精简，因此又可以称之为"微课堂"。

（三）资源容量小

从大小上来说，"微课"视频及配套辅助资源的总容量一般在几十兆左右，视频格式须是支持网络在线播放的多媒体格式。师生可流畅地在线观摩课例，观看教案、课件等辅助资源；也可灵活方便地将其下载保存到终端设备（如笔记本电脑、手机、MP4等）上，实现移动学习，非常适合于教师的观摩、评课、反思和研究。

（四）资源构成情景化

"微课"选取的教学内容一般要求主题突出、指向明确、相对完整。它以教学视频片段为主线"统整"教学设计（包括教案或学案），课堂教学时使用到的多媒体素材和课件、教师课后的教学反思、学生的反馈意见与学科专家的文字点评等相关教学资源，构成了一个主题鲜明、类型多样、结构紧凑的"主题单元资源包"，营造了一个真实的"微教学资源环境"。这使"微课"资源具有视频教学案例的特征。

广大教师和学生在这种真实的、具体的、典型案例化的教与学情景中易于实现隐性知识、默会知识等高级思维能力的学习并实现教学观念、技能、风格的模仿、迁移和提升，从而迅速提升教师的课堂教学水平，促进教师的专业成长，提高学生学业水平。就学校教育而言，微课不仅成为教师和学生的重要教育资源，而且也构成了学校教育教学模式改革的基础。

（五）主题突出、内容具体

一次课程就一个主题，或者说一次课程一件事；研究的问题源于教育教学具体实践中的具体问题：或是生活思考，或是教学反思，或是难点突破，或是重点强调，或是学习策略、教学方法、教育教学观点等具体的、真实的、自己或与同伴可以解决的问题。

（六）学习研究、趣味创作

正因为课程内容的微小，所以人人都可以成为课程的研发者；正因为课程的使用对象是教师和学生，课程研发的目的是将教学内容、教学目标、教学手段紧密地联系起来，是"为了教学、在教学中、通过教学"，而不是去验证理论、推演理论，所以决定了研发内容一定是教师自己熟悉的、感兴趣的、有能力解决的问题。

（七）成果简化、传播广泛

因为内容具体、主题突出，所以研究内容容易表达，研究成果容易转化；因为课程容量微小、用时简短，所以传播形式多样（如网上视频、手机传播、微博讨论等）。

（八）反馈及时、针对性强

由于在较短的时间内集中开展"无生上课"活动，参加者能即时听到他人对自己教学行为的评价，获得反馈信息。较之常态的听课、评课活动，"现炒现卖"具有即时性。由于是课前的组内"预演"，人人参与，互相学习，互相帮助，共同提高，在一定程度上减轻了教师的心理压力，教师不会担心教学的"失败"，不会顾虑评价是否"得罪人"，较之常态的评课就会更加客观。

四、微课的价值

（一）微课打破了传统课堂的种种约束

40 或 45 分钟的传统课堂，教师站在讲台上"声嘶力竭"地讲，学生坐在位置上规规矩矩地听，认认真真地背，偶尔也会有教师提问，学生回答。从注意力保持专注的调查可得出：一般学生学习兴趣只能维持 20 分钟左右，这段时间过后就会出现疲劳、走神等现象。

心理学研究也证明：学生课堂学习时间的质量，取决于专注功课的时间，即投入学习时间与学生的学习成绩成正比。学习时间过长，并不意味着学习效率高，学生只有投入有价值的学习活动，才会提高学习质量。然而，传统"灌输式"的课堂教学模式往往忽略了这一点。

微课是相对传统意义上的整堂课而言。从教学主体性上分析（即教师角度和学生角度），微课的出现对传统课堂框架提出了挑战。

1.从学生角度来讲

首先，微课的最大价值体现在可以提高学生的学习效率。一节课的精华总是围绕某个知识点或者某个教学点展开，精彩的、高潮的环节都是短暂的、瞬间的。学生视觉驻留时间普遍只有 20 分钟左右，若时间过长，注意力得不到缓解，很难达到较理想的学习效果。

根据学校实际需求，把教学重点、难点、考点、疑点等精彩片段，录制为时间在 20 分钟左右、大小为 50M 左右的简短视频，这种形式大大方便了学生，可供学生随时、随地通过网络下载或点播进行学习，从而提高学生的学习效率。

其次，微课的最大价值还体现在有助于学生自主学习和有选择性地学习。随着社会节奏的加快，也许很多时候，我们的教学再也不必规规矩矩地在教室中进行。学生可以根据自己的需要，有选择性地打开相关网站或视频来学习，不需要像传统的整堂课一样。我们只需要解决某一个很小、很具体的问题，可以在目录中找到内容，三五分钟就解决了，而不必通览整堂课。

这种学习方式，更能够针对学生自身在学习中的问题，使其在提供的视频网站中找到自己所需要的内容，从而自主地、有选择性地学习，而不必硬着头皮被动地听课。即便学生由于某种原因耽误了上课，也不必担心，因为可以通过点播微课加以弥补。

2.从教师角度来讲

微课形式的出现，颠覆了以往的个别辅导方式，超越了时间和空间，这无疑在一定程度上解放了教师。然而，这种形式对今天所有的教师而言，都会是一个全新的挑战，学生的学习可以不再仅仅以教师为主，他们可以在学习网站上找到自己所需要的教师。一些以讲授型为主的课程任课教师，也许更容易成为一个尴尬的角色，也许学生会觉得这种类型的授课教师更加可有可无。

（二）微课促进了教师的专业成长

如果我们撇开纯功利性，微课真的可以带给我们一种新鲜的感受和更加生动活泼的教学教研形式，它无疑是现在情境下教学和教研的一种先进手段。微课既可为教师相互学习提供借鉴，又可为教师诊断改进提供依据。同时，微课的出现还能提升教师的信息处理能力。因此，微课的出现为促进教师专业成长提供了新途径。

1.有利于提高教师的教学素质和专业素养

微课的表现形式主要有两种：一种是具体而微的形式，表现在教学的全过程，即有完整的教学过程和教学环节。从内容的导入重难点剖析、方法讲解、教学总结、教学反思，再到练习设计，与传统课堂的每一个环节没有任何差别，但微课没有学生的参与，没有师生的互动，或者说学生参与度不够，师生互动较少。微课的目的是展现教师的教学理念、教学观念，或者教学设计、教学方法和教学技巧。这种表现形式有点类似于说课，但又比说课更具体、更翔实，更能反映教师的教学思想和教学水平。

另一种是微小的片段。为了展现整个教学过程中的某一个环节，通过录制一个教学片段来表现教师对教材的处理特点、对某个教学重点的教学处理或者对某个教学难点的突破技巧等，体现了完全真实的教师教学和学生学习。比如：教师如何引导学生解决问题，教师怎样指导学生掌握操作技能等。

无论哪一种形式的微课，与传统课堂的展示相比，最大的不同不仅在于时间少（多则二十分钟，少则七八分钟），而且教学目标集中，目的单纯。因此，微课非常有利于提高教师的教学素质和专业素养。

2.有利于提升教师的信息处理能力和水平

微课的制作可以分为加工改造式和原创开发式。加工改造式即对传统课堂的多媒体形式的呈现。换句话说，就是将学校已有的优秀教学课件或录像，经过加工编辑（如视频的转录、切片、合成、字幕处理等），并提供相应的辅助教学资源（如教案、课件、反思、习题等），进行"微课"化处理。原创开发式可以有多种技术手段，包括屏幕录像专家软件录制、摄像工具录制、录播教室录制、专业演播室制作等。

微课不仅仅是一个视频那么简单。一个优秀、完整的微课包含哪些方面呢？从视觉、听觉上来看要求舒服，PPT 要简洁大方，声音要清晰响亮；从网络技术上来看要求文件越小越好；从网络用户习惯上讲，希望能精确搜索，要求微课名称要包含知识点，体现适用对象；从学习者角度来看，越容易懂越好。前期的微课设计、简洁大方的 PPT 制作、主题明确的微课名称、信息明了的片头、逻辑性强的正文内容、引导方便的片尾等，这些都是一个优秀、完整的微课必不可少的组成部分。

教师在制作微课时，普遍反映制作的难点在于软件的新颖性和技术性，如在对软件操作技术的掌控和录制过程的摄像技术等方面尚存在不足。因此，教师要制作出优秀、完整的微课，必然要提升自身的信息处理能力和水平。

（三）微课指明了教学资源建设的新方向

传统的教学资源大多是以课时（包括单元和章节）为模块开发的，资源包容量过大，时间过长（如教材配套课件、素材课件等，一般都在 60 分钟左右），资源主题和特色不够突出，使用不太方便。传统的教学资源花费巨大、数量庞大、耗时费力、种类繁多，在实际教学中的应用情况并不乐观，线下教师普遍感到真正适用、实用、好用的优质教学资源依然很匮乏。

传统教学信息资源建设普遍存在只关注资源"大环境"（如资源是否符合新课标和顺应时代潮流）建设，却忽略具体资源应用的"小环境"（如某个资源在具体课堂的教与学应用情境）的做法，资源建设与应用的分离，使资源"看上去很美，却中看不中用"。

教育信息资源的根本目的和本质属性是为教育教学服务。大量的研究表明，教学资源的开发和利用，只有深入到课堂教学层面，才能满足教师的常态教学资源需求，才能不断地动态生成新的课程资源。

微课的核心内容是课堂教学视频片段，同时还包含与该教学主题相关的教学设计、素材课件、教学反思、练习测试、学生反馈及教师点评等教学支持资源。它主要是为了解决课堂教学中某个学科知识点（如教学重点、难点、疑点内容）的教学，或者是反映课堂某个教学环节、教学主题的教与学的活动。

相对于传统课堂所要完成的复杂众多的教学内容，所要达成的多个教学目标而言，微课的目标相对单一，教学内容更加精练，教学主题更加突出，教学指向（包括资源设计指向、教学活动指向等）更加明确，其设计与制作都是围绕某个教学主题而展开的。

微课共同构成了一个主题鲜明、类型多样、结构紧凑的"主题单元资源包"，营造了一个与具体教学活动紧密结合、真实情境化的"微教学资源环境"。只有这样，传统教学资源建设才能从肤浅走向深刻，传统教学资源的内涵才能够真正体现出来。

第二节　微课的典型教学模式：翻转课堂

一、翻转课堂的定义

对翻转课堂概念的界定，学术界里还未形成统一。目前，有部分人对翻转课堂的认识还停留在对其实施过程的描述层次上，所以对翻转课堂内涵的深入剖析是很有必要的。翻转课堂一般也被称作"反转课堂式教学模式"，这里的"反转"是相对传统课堂式教学模式而言的。国内外对翻转课堂的概念有不同的解释。

美国最早实践翻转课堂教学模式的教师之一亚伦·萨姆斯（Aaron Sams）认为，翻转课堂最基本的理念是把传统课堂上对课程内容的直接讲授移到课外，充分利用节省下来的时间来满足不同个体的需求。

钟晓流等人认为，所谓翻转课堂，就是在信息化环境中，课程教师提供以教学视频为主要形式的学习资源，学生在上课前完成对教学视频等学习资源的观看和学习，师生在课堂上一起完成作业答疑、协作探究和互动交流等活动的一种新型教学模式。这种解释其实已经不是对纯粹的"翻转课堂"的解释了，而是对"信息化翻转课堂"的解释。

二、翻转课堂的特点

（一）教学视频短小精悍

教学视频共同的特点就是短小精悍。大多数的视频都只有几分钟的时间，比较长的视频也只有十几分钟。每一个视频都针对一个特定的问题，有较强的针对性，查找起来也比较方便；视频的长度控制在学生注意力能比较集中的时间范围内，符合学生身心发展特征；通过网络发布的视频，具有暂停、回放等多种功能，可以自我控制，有利于学生的自主学习。

（二）教学信息清晰明确

"翻转课堂"的教学视频与传统的教学录像的不同之处在于，视频中出现的教师的头像，以及教室里的各种物品摆设，都会分散学生的注意力，特别是在学生自主学习的情况下。因此，翻转课堂的教学视频强调录像环境不要有干扰因素，应采用一对一讲解的方式，让学生感觉教师只是给他一个人在讲课。

（三）重新建构学习流程

教学流程的颠倒无疑是翻转课堂最明显也是最外化的标志。通常情况下，学生的学习过程由两个阶段组成：第一个阶段是"信息传递"，是通过教师和学生、学生和学生之间的互动来实现的；第二个阶段是"吸收内化"，是在课后由学生自己来完成的。由于缺少教师的支持和同伴的帮助，"吸收内化"阶段常常会让学生感到挫败，丧失学习的动机和成就感。

"翻转课堂"对学生的学习过程进行了重构，"信息传递"是学生在课前进行的，教师不仅提供了视频，还可以提供在线的辅导；"吸收内化"是在课堂上通过互动来完成的，教师能够提前了解学生的学习困难，在课堂上给予有效的辅导，同学之间的相互交流更有助于促进学生知识的吸收内化。

（四）师生角色重新定位

教学流程的翻转及信息技术与教育的深度融合都引发了师生角色的改变。教师变成了学习的设计者和推动者，学生成为学习过程的主体和中心。但这并不意味着教师作用的弱化；相反，教师是决定翻转课堂的关键因素，其作用更加重要。

（五）信息技术融合程度更高

学生在课外学习如果没有信息技术的支持，就难以得到教师的帮助，影响学习效果。无论是教学课件还是教学视频，都需要信息技术的支持才能方便有效地传递给学生。而对学生课前学习效果的检测，更需要信息技术的支持。这就对教师提出了更高的要求，要不断学习信息知识，提高操作能力。

（六）复习检测方便快捷

学生观看了教学视频之后，是否理解了学习的内容，视频后面紧跟着的四到五个小问题，可以帮助学生及时进行检测，并对自己的学习情况作出判断。如果发现几个问题回答得不好，学生可以回过头来再看一遍，仔细思考哪些方面出了问题。

学生对问题的回答情况，能够及时地通过云平台进行汇总处理，帮助教师了解学生的学习状况。教学视频的另外一个优点，就是便于学生一段时间学习之后的复习和巩固。评价技术的跟进，使得学生学习的相关环节能够得到实证性的资料，有利于教师真正了解学生。

正因为翻转课堂的这些特点，所以它才这么备受关注。

三、翻转课堂的要素

课堂教学的基本要素主要有教师、学生、教学信息、教学媒体、教学方式等。教师既是教学过程的设计者，也是学习过程的指导者；学生是学习活动的主人；教学信息是教学内容及相关要求的反映；教学媒体是教学信息的载体和学习的工具；而在教学过程中运用什么方式进行教学是课堂教学成功与否的一个重要因素。

（一）教师要素

翻转课堂实现了教师的角色逐渐由知识讲授者、课堂组织者向学习的指导者和推动者的转变。这意味着教师不再是课堂的中心，但仍然是学生进行学习的主要推动者。当学生在学习中遇到困难时，教师便会向他们及时提供必要的学习支持。

自此以后，教师便成为学生快速获得学习资源、利用学习资源、处理学习信息、应用新知识到真实生活情境中的促进者。随着教师教学职能的变化，教师也将面临前所未有的教学技能挑战。

在翻转课堂中，学生需要在参与实际的学习活动中，通过完成学习任务来构建知识结构，学生成了学习过程的中心。这就需要教师通过设计课堂学习活动这一新的教学策略来达成目的。通过简单易行且利于知识内化的课堂活动的设计与组织来促进学生成长与进步。

在每完成一个章节的学习之后，教师都需要及时检查学生对知识的理解和掌握情况，并对学生作出恰当的评价，来帮助学生正视自己的学习水平。及时的评价反馈可以帮助教师改进或调整课堂教学活动设计，推动学生高效学习的发生。

（二）学生要素

随着教育信息化的不断深入，自主探究学习越来越受学习者的欢迎。在个性化的网络学习环境中，学习者能够根据自己的学习需要选择学习的内容、时间和地点，然后再按照自己的节奏进行个性化学习。

虽然，翻转课堂教学获得了学生的高度参与，并且具有很强的学习灵活性，但学生并非完全独立地进行学习。在网络化协作性学习环境中，学生们需要根据各自的具体学情不断与同学、教师进行讨论，以便能够扩展和深化自己对知识的认识。

（三）课堂时间要素

在翻转课堂教学中，课堂上的大部分时间交由学生支配，学生能够全身心地投入到课堂学习活动中去，一小部分时间留给教师，以便为学生提供具有针对性的辅导，大大减少了教师在课堂上知识讲授的时间，这是翻转课堂的另外一个重要特征。源于现实生活中的、具体真实学习情境的课堂学习活动能够让学生在交流协作中完成学习任务。

翻转课堂将原来课堂讲授的知识内容转移到课下去完成，在不缩减原先课时知识量的基础上，来增强课堂中学生之间的交互性。这种教学形式的转变有利于提升学生对知识的理解程度。另外，教师在课堂上进行形成性评价，在某种程度上提升了课堂中交互的有效性，而教师的课堂评价有利于帮助学生更加客观地认识自己的学习情况。

因此，翻转课堂是一个构建深层次知识的课堂，而学生则是课堂的主角，翻转课堂通过充分利用课下时间完成了基本知识的传递，极大地延长了课堂上教与学的时间。但翻转课堂的关键之处在于教师如何组织课堂学习活动来实现课堂时间的最大化、高效化利用。

第三节　微课在俄语专业实践课教学中应用的原则与要求

一、微课在俄语专业实践课教学中应用的原则

（一）微而全原则

虽然微课教学以微视频为核心，但却不能把微课的教学视频当作微课教学的全部。

一个完整的微课教学素材除了制作精良的微课教学视频以外，还应包括与该微课视频讲授内容相关的微教案、微课件、微练习、微反馈等配套资源，使微课"微而全"。

在经典教学论的学术专著中，对"课"的定义是：课是有时间限制的、有组织的教学过程的单位，其作用在于达到一个完整的，然而又是局部性的教学目的。所以，作为网络信息时代下新型的"课"，"微课"要在符合"课"的基本特征的基础上体现"微"的特色。"微课"要"微"，就要做到重点突出、语言简洁、用语精准。此外，由于时间的限制，在切入课题时要言简意赅，一目了然，不要"面面俱到"。

但同时需要注意的是，微课教学不等同于微视频教学。在国内各种微课教学大赛中，参赛者主要以提交微课教学视频作为参赛依据，对大赛奖项的评定也以评定微视频的质量为主，但是我们不得不承认，单独的微课教学视频并不能完全满足动态的教学活动的要求。

微课教学相较于传统课堂教学而言，其优势主要有两个方面：首先，课本教材实现了由静态文本向动态资源转变；其次，克服了传统教学视频过于冗长的问题。我们所提倡的微课教学，不仅要包含讲授知识点的视频，还要包含与该微课视频所授内容相关的微教案、微课件、微练习、微反馈等配套资源，指导学生在观看视频进行自我学习后，能够及时检测自我学习效果，真正满足学生需求。教师要注意在进行微课设计时处理好"微"与"全"的关系。

总之，微课从设计到最终成型，也应像传统课程设计一样，先撰写微教案，明确教学的目标、步骤、重难点，然后录制微课教学视频，进行教学实践，最后进行教学的反馈与评价。所以，微课不能仅仅是微课教学视频的录制，它是一套完整的教学系统。

因此，将微课应用于高校俄语专业实践课教学时，微课教学视频的制作要考虑到教学内容的前后联系，把它融入整个知识体系之中。另外，还要有相应的知识反馈体系，以便教师和学生及时评价教学效果。

（二）适用性原则

微课的选题设计是进行微课设计的第一步，"良好的开端是成功的一半"，选择一个合适的题材是制作出成功的微课的基础。

首先要明确，并不是所有的教学知识点都适用于制作微课，教师在选择微课教学内容的时候，要在参考教学大纲明确的重难点的基础上，结合学生实际的学习需求，最终确定微课的教学内容。由微课的概念可以得知，微课是围绕某一特定知识点展开的视频教学，相对于传统课堂教学来说，微课教学内容单一、精练。

认知负荷理论认为人脑的有效认知负荷保持在 10 分钟左右，有效掌握理论也主张通过学习目标具体化来培养学习者的学习自信心。所以，微课视频要保持在 10～15 分钟的时长以内。受视频时长的限制，理解复杂概念方面的课程并不适合制作成微课。

在俄语教学中，对于一些复杂的俄语语法教学知识点而言，它们的讲解需要结合之前所学的知识，采用立体化的思维去解释。比如要讲解俄语中形动词的构成及用法，就需要结合动词变位、形容词词尾以及被动态等知识点，需要教师根据学生的接受程度来调整自己的教授方式和进度，不可泛泛而谈。因此，微课视频作为相对程式化的教授，不适用于此类知识点的讲解。

对俄语专业实践课进行微课的内容设计时，也要在全面理解外语教学内容以及教学重难点的前提下，合理选择微课内容。可以选择重点解决使用传统教学方法费时费力或无法解决的教学内容。

微课改变了传统课堂讲授式的教学方式，学生可在课前、课后任意时间段自由观看知识点的教学视频，直至消化掌握。可以说微课是解决教学中重点、难点的积极尝试。所以，微课教学在选题上要遵循适用性原则，合理选择微课教学内容，才能发挥微课应用于教学的最大优势。

（三）趣味性原则

微课的教学对象始终是学生，有效吸引学生的注意力是其重要原则。传统课堂讲授式教学时间长，教学形式单一，所以保持学生的注意力始终是传统课堂教学要面对的棘手问题。微课作为一种新兴的教学形式，应该发挥其教学方式的优势，提高学生的学习兴趣。

在微课教学组织形式下，微视频是学生接收新知识的所有信号来源，人们既然要使用它来克服传统课堂教学模式下教学内容枯燥的弊端，就要对微视频的制作画面提出很高的要求。一个成功的微课教学视频，应该画面精良，动画演示效果丰富，能在短短的10～15 分钟内牢牢抓住学生的视线，使学生保持极大的学习兴趣。要做到这一点，就需要教师不断提高自身的信息技术运用能力。

在俄语专业实践课教学中，要借助微课这种新型的教学方式，革新传统教学模式，为俄语教学注入新的活力。俄语语法教学因其教学内容的枯燥一直是语言教学中的难点。使用微课进行语法教学时，可以把教学中晦涩难懂的部分录制成微课教学视频，供学生课余时间反复观看，使教学形式有趣、多样，从而有效提高教学效率。

（四）互补性原则

微课教学要贴合我国外语教学的国情特点，目前还不能脱离传统教学课堂独立存在。部分学生认为微课教学视频时间短、内容量大，课堂教学环节无法根据自身实际学习需要对重点部分进行回放、慢放等操作，影响学习效果。这启示我们微课这种新型的教学组织形式不要孤立存在，它最好能与传统课堂教学模式相辅相成、互为补充。

所以教师可以将微课教学视频在课前提前发给学生，由学生先进行自主学习，保留学习心得和学习疑惑，课堂教学时间变为教师为学生答疑解惑、学生反复演练的时间，这样就能实现微课教学组织形式和传统课堂教学模式的结合，收获令人满意的教学实践效果。

微课和传统课堂实践,即网络和现实教授的有机结合是目前能够满足俄语专业教学要求的较为合理的模式。

（五）操练性原则

学习外语是一个漫长的过程，只有在反复使用中不断纠正和练习，才能学会正确运用。俄语实践课教学同样离不开大量的语言操练。在俄语实践课教学过程中，要时刻重视培养学生使用所学语言进行言语交际的本领，因为使用外语熟练交际的能力的形成离不开大量的实践操练。言语操练也是外语实践课的根本目的。所以，微课应用于高校俄语专业实践课教学也要遵循操练性原则。

微课应用于俄语专业实践课教学中，要在环节设计时充分考虑操练性原则。例如，在进行"俄语中无前置词第五格的用法"知识点讲解时，首先采用实例的形式解释无前置词第五格用法的具体体现，之后配以大量的例句来强化、巩固之前教学中讲解的知识点；其次将微课视频教学与传统课堂教学相结合，进行"我问你答"练习环节，教师结合具体句子进行提问，由学生使用第五格形式进行回答，再一次进行句型的操练。

总之，微课理念应用于实践课教学时，不能脱离实践课教学的本质，知识点讲解与大量的言语操练相结合，才能真正将语法知识点应用到言语实践之中。

（六）发展性原则

微课理论应用于高校俄语专业实践课教学中，不仅需要教师的悉心准备和学生的积极配合，还要学院及学校的支持，以便使这一教学模式获得长远发展。在高校俄语专业实践课教学中应用微课教学组织模式，本质上是外语教学论在现代信息技术支持下，迎合时代需求进行的教学手段的新的尝试，它需要授课场所多媒体教学环境的保证。这就需要院校方面保障多媒体教室的建设和使用，使微课教学有地可施。同时，还要学院方面对这种教学组织形式给予肯定和支持，鼓励教师和学生积极参与微课教学。

综上所述，将微课应用于高校俄语专业实践课教学中，不仅要包含微课教学视频，还要包含微教案、微练习等一系列配套教学资源。同时，微课教学要与传统课堂教学相结合，不能孤立存在。

微课教学的最终目的是满足学生的学习需求，在微课的设计制作过程中，应积极听取学生们的意见和需求，在实践中不断总结经验教训，制作出生动有趣的微课教学视频，成功吸引学生的兴趣，使学生能够积极使用微视频进行自学。

二、微课在俄语专业实践课教学中应用的要求

（一）针对院校的要求

微课作为新兴的教学资源，在外语教学领域有着较为广阔的应用前景。微课的发展将逐渐从个体零散走向集成化、规模化、具体化，这是其发展的必然趋势。所以，将微课应用于俄语教学实践，首先就要求院校保证多媒体教室和多媒体设备的配置，使微课教学有地可施。

其次，微课教学资源以视频的形式存在，视频的下载、播放离不开网络的支持。这就要求院校能够优化校园网络覆盖，使图书馆、教学楼、自习室等地方都能覆盖无线网络，让学生可以随时随地利用移动设备进行学习。

最后，微课作为一种新的教学模式，受到越来越多的教育工作者的关注，优质的微课教学资源不断出现。面对这种形势，学院方面应积极构建微课共享平台，整合优秀微课教学资源，实现资源共建共享，以开放的姿态动员和鼓励不同院校的教师积极进行微课的开发和应用，交流教学经验。

微课应用于高校俄语专业实践课教学中亦是如此，学院应鼓励、支持本院校教师积极投入到将微课应用于教学的探讨之中，同时为本学院教师与其他院校教师互通有无搭建平台，建立俄语专业实践课教学知识点资源库，共享实践成果，引导微课应用于高校俄语专业实践课教学长远发展。

（二）针对教师的要求

微课教学视频是微课教学组织形式的核心，教师是微视频的制作者，所以把微课应用于高校俄语专业实践课教学中，对教师有着多方面的要求。

首先，教师要明确认识到，现阶段我国高校俄语教学的国情决定了微课教学模式与传统教学模式相结合，共同服务于高校俄语专业实践课教学，是比较理想的应用模式。关于这一点在"互补性"原则中作出了详细的解释。所以，教师要在教学实践中积极探索微课教学模式与传统教学模式相结合的有效方法，发挥出各自的优势。

微课教学模式可用于课前预习，由教师在课前发送给学生微视频，供学生课前观看

自学，形成自学反思，保留自学疑惑，然后在之后进行的课堂教学环节中由教师答疑解惑；微课也可直接应用于课堂教学，由教师在课堂中播放，借助视频活跃课堂气氛，使学生加深对所学知识点的理解；微课还可应用于学生课后复习辅导，使学生在课后复习遇到阻碍时有路可走、有法可选。总之，微课只是整个教学活动中的一个小环节，要想使教学效果最佳，就需要与其他教学环节相辅相成。

其次，教师要注重提高自身的现代信息技术应用水平。微课教学的趣味性原则要求微课教学视频要制作精良，画面生动有趣，配音、字幕使用得当，这些都需要教师具备良好的现代信息技术应用水平。制作微课教学视频时，先制作出动画效果丰富多样的教学 PPT，再通过录屏软件使静态 PPT 成为连贯的动态视频，并配以知识点解说。这种制作方式相比动画制作而言更易上手，可以使用较短的时间制作出相对精美的画面，比较适合教师使用。

所以，教师要提高自身的现代信息技术应用水平，熟练掌握 PPT 动画设计，会制作丰富多样的动画效果，会添加字幕、图片、引导线，同时熟练使用一种录屏软件进行声音的添加。同时，微课应用于高校俄语实践课教学中，还要考虑到实践课的教学性质，所展示的例句最好由教师一一朗读，使学生在观看时能够得到良好的语言刺激，可以开口跟着教师朗读，纠正发音，形成语言习惯。

微课教学视频是微课教学的核心，能成功吸引学生学习兴趣的微课视频是微课教学成功的关键，教师要不断提高自身现代信息技术运用水平，保质高效地制作微课教学视频，为微课教学的实施做好铺垫。

（三）针对学生的要求

学生是微课教学真正服务的对象，学生的积极参与是微课教学模式成功的关键。学生更加倾向于把微课教学视频应用于课前预习和课后复习阶段之中，这就要求学生积极养成良好的自主学习习惯。

当微课教学应用于课前预习环节时，学生要做到有目的地观看学习，明确观看教学视频后学到了什么，掌握了多少，有哪些疑惑需要重新观看微课视频自己解决，有哪些问题需要同学和老师的协助、指导才能解决，在学习中积极进行自我思考。并且，学生要能够在观看微课视频自学之后，主动通过配套练习来及时检验自己的学习成果，真正做到有目的地学习。

当微课应用于课后复习环节时，学生要自觉运用微课教学视频查漏补缺，在教学重难点的地方多次观看，以达到强化巩固的效果。当微课应用于课堂教学环节时，学生也要做到能够积极参与到课堂教学环境中，认真观看微课视频，在有限的课堂教学时间里尽可能又快又多地理解教学视频内容，提高学习效率。

俄语实践课是一门操练性很强的课程，它需要把所学理论不断运用到实践中，以达到学以致用的目的。高校学生利用微课教学视频进行俄语实践课的预习、复习，要督促自己多说多练，跟着教学视频中教师的解读反复练习相关句型，使理论真正运用到实践中去。

总之，学生养成良好的自主学习的习惯，能够积极使用微课教学视频进行自我学习，是微课教学模式成功的关键。

第四节　微课在俄语专业实践课教学中的具体实施

一、微课俄语教学的具体实施步骤

（一）课前准备

1.教师活动
（1）分析教学目标

一谈到翻转课堂，人们的第一反应就是制作教学视频。但是在制作教学视频之前，需要分析教学目标。教学目标就是通过教学活动期望达到预期的结果。明确教学目标，就是要明确学生通过教学了解什么、获取什么，这是任何教学首先要明确的关键。

只有教学前确定清晰的教学目标，教学才有针对性，才能明确要采用的具体的教学方法。哪些内容需要探究式的教学方式，哪些内容需要直接讲授，等等。实施翻转课堂教学模式之前的教学目标的分析，有利于分析什么内容适合通过视频的方式直接讲授给学生，哪些内容适合课堂上通过师生的合作探究获得最佳的教学效果。明确教学目标，可以避免教学中的盲目性和无目的性。

（2）制作教学视频

在翻转课堂中，知识的传递是通过视频来完成的。教学视频可以教师自己录制，也可使用其他教师制作的教学视频或者网络上优秀的视频资源。制作教学视频是翻转课堂教学模式的重要部分。

①做好课程安排

明确课堂教学的目标，决定视频是不是合适该教学内容的教学工具。如果教学内容不适合通过教学视频直接讲授的方式，那么不要仅仅因为是要实施翻转课堂而去使用视频。翻转课堂并不仅仅是为课堂制作教学视频。

②做好视频录制

在录制教学视频过程中应考虑学生的想法，以适应不同学生的学习方法和习惯。美国实施翻转课堂的大部分学校在录制教学视频时并不呈现教师的整个形象，而是呈现一双手和一个交互式白板，在白板上有教师所讲授内容的概要。录制教学视频必须选择一个安静的地方，这样制作出来的视频才能保证学生在观看教学视频时不受视频中噪声的干扰。

③做好视频编辑

教师在实施翻转课堂的初级阶段是在录制完教学视频以后把它分发给学生。视频后期制作的价值在于它可以让教师改正视频制作中的错误，避免重新制作视频。

④做好视频发布

发布视频是为了让学生能够观看到教师制作出来的视频。在此阶段教师最大的问题在于把视频放在什么地方以使所有学生都能够观看视频。不同的学校会根据本地区、本学校和本校学生的具体情况来确定视频发布的地方。

有的学校会把制作出来的教学视频发布到一个在线托管站点；有的学校会为家里没有网络或者电脑的学生制作 DVD；还有的学校为了让学生观看到视频，把校园多媒体中心延长两个小时，在这里学习的学生可以使用属于自己的账户登录到校园多媒体中心观看教学视频。总之，学校可以选择一到两种方法满足学生的需要。

2.学生活动

（1）观看教学视频

教师通过对教学内容的分析，把适合直接讲授的内容部分用教学视频的形式交给学生，在一定程度上避免了课堂时间的浪费。学习速度快的学生可以快速地进行知识的学习；对于学习进度慢的学生，他们不用担心传统课堂上跟不上教师节奏的问题。他们可以根据自己的实际学习情况对教师讲授的内容做适时的停顿。

在观看教学视频的过程中，学生遇到不懂的地方可以做笔记，把自己不懂的问题带到课堂上，这样学生可以完全掌控自己学习的步调。在此过程中，学生需要对所观看的教学视频里讲授的知识作一定程度上的梳理和总结，明确自己的收获和有疑惑的地方。

（2）做适量练习

学生观看完教学视频后需要完成教师布置的针对性课堂练习。这些练习是教师针对教学视频中所讲的知识，为了加强学生对学习内容的掌握并发现学生的疑难之处而设置的。根据"最近发展区理论"，教师需要对课前练习的数量和难易程度做合理设计，明确让学生做练习的目的是帮助学生利用旧知识完成向新知识的过渡，加强对教学视频中知识的巩固与深化。

学校可以通过网络交流平台与学生进行互动，了解学生在观看教学视频和做练习过程中遇到的问题。教师可以通过学生所做的练习的反馈情况实时了解学生实际的学习情况。与此同时，同学之间也可以进行互动，彼此交流收获，进行互动解答。

（二）课中教学活动设计

1.确定问题，交流解疑

人是社会中的人，在交流中学习能实现成长。传统的课堂教学教师主宰着课堂，师生之间的交流是建立在师生地位不平等的基础上的。在课堂中，要想实现真正的交流，是需要一种融洽的氛围做保障的。

学生在观看教学视频的过程中，由于本身的知识结构、看问题的角度不一样，因此对事物的理解也会不同。这样学生之间会产生一种认知的不平衡，从而导致学生新的认知结构的产生。

在开始阶段的交流中，教师需要针对学生所观看视频的情况和通过网络交流平台所反映出的问题进行解疑。学生也可以提出自己在观看教学视频中所存在的疑惑点，与教师、同学共同探讨，这样学生本身就是一种交往的学习资源。

2.独立探索，完成作业

独立学习的能力是学生必备的能力之一。一个没有独立学习能力的人，必然无法在社会中生存。独立性是个体存在的主要方式。在传统的课堂中，教师一手包办学生的学习。课堂的大部分时间用来讲授知识，学生课下时间被大量的机械性的作业填满，学生独立学习和探索的能力被压制。

学生是独立的个体，他们本身有着独立学习的能力。学生知识结构的内化需要经过学生独立的思考，而教师只能从方法上引导学生，而不能代替学生完成学习。

翻转课堂为学生提供了个性化的学习环境，学生在课堂中独立完成教师所布置的作业，独立进行科学实验。在学生独立完成作业的过程中，学生审视自己理解知识的角度，建构知识的结构，完成对知识的进一步学习。教师要在刚开始时给予学生一定的指导，帮助学生完成任务。待学生有一定的独立解决问题的能力的时候，教师要"放手"，逐渐让学生在独立学习中构建自己的知识体系。

3.合作交流，深度内化

学生在独立探索学习阶段，已建立了自己的知识体系，但是要完成知识的深度内化，需要交流合作。人是社会中的人，交往是人与人之间直接的相互作用的过程。交往学习是学生在与他人的对话、交流、讨论等学习活动中所开展的学习过程，学生在此过程中实现自身的发展。

在翻转课堂中，你可以看到的课堂形态为学生分成小组，一般3~4人为一组，学生与学生之间通过独立探索阶段的学习，与同伴交流自己对知识的理解。教师不是站在讲台上俯视着课堂里所发生的一切，而是走下讲台，走进学生的探讨中，真正地融入学生的小组合作活动中。

当学生在讨论中遇到问题时，教师可以给予及时的帮助，引导学生澄清对知识的错误认知。在此过程中，学生的批判性思维、课堂参与能力和对待学习的态度都将发生很大的改变，真正把学生推到了学习的主体地位。当学习本身成为学生自身需要的时候，学生就会成为真正的学习的主人，变"要我学"为"我要学"。教师也从说教、传授的角色转变为学生学习的引导者和促进者。在合作学习越来越受到教育界关注的形势下，现今学校很多课堂教学采用合作学习、小组学习等形式。

但是，在传统课堂里，合作学习只是课堂教学的"微弱"补充，难以真正提高学生探索的积极性，合作学习只是流于形式。在翻转课堂教学模式下，学生与学生之间、学生与教师之间的合作学习则是真正意义上的合作学习。

4.成果展示，分享交流

学生在经过独立探索和合作交流后，得到个人或者小组的成果。学生可以通过报告会、展示会、辩论赛或者小型的比赛等形式交流学习心得、体会。在成果展示过程中，学生或小组可以通过教师与学生的点评获得更深的了解，同时可以通过观看其他学生或小组的展示，学习到他人的优点，明确自己的优势与不足。

学生在此过程中不断领略学习给他们带来的乐趣，以一种更积极乐观的心态面对以后的学习，增强自信心。这也是一个交流的平台，学生在交流中彼此的智慧火花得以碰撞。教师在分享交流环节可以通过学生或者小组的汇报，明确学生对知识的掌握水平，有针对性地进行后期的"补救"工作。当然，在学生展示环节，教师所要做的是为学生创设一个民主、平等、和谐、自由的课堂环境，适时调控学生学习的进程和发展方向。

在翻转课堂的学生成果展示环节，教师不仅要鼓励学生在课堂上进行展示，学生也可以在课下通过制作微视频的方式把自己的汇报上传至网络交流区，供教师和同学讨论和交流。翻转课堂教学的成败并不在于视频的制作，而是在于课堂学习活动的设计。

如何改变传统的教师主宰课堂的局面，让学生真正成为自己学习的主人，是翻转课堂教学模式给我们的课堂教学带来的关键点。

二、微课俄语课堂的关键环节

（一）微课程开发

翻转课堂有别于传统课堂，其课程体系与传统教材也有区别，课程传授的知识单位不再以课为单位，而是以微课为单位，一个微课解决一个问题。翻转课堂的课程分为以传授知识为主的视频教程、知识巩固强化的针对性练习和用于课堂知识内化的学习活动等，微课程的优劣直接影响着翻转课堂的教学效果。对翻转课堂的实施，结合校情、班级情况和学科特点开发出具有问题针对性的微课程是十分关键的，是影响翻转课堂成败的一个重要因素。

（二）课前深入学习

翻转课堂把传统的教师课堂知识讲授的环节放到了课前，并由学生自主学习完成，同时要求学生课前自学的效果不低于教师课堂上讲授的效果，而不是停留在简单的知识预习上面。

　　课前学习包括微视频知识讲解和习题强化，是学生完成课前学习的关键素材，是促使学生达到深入学习的关键。课前深入学习是对基础知识的全面把握，是知识学习的一个重要环节，是一切知识迁移应用的基础，更是翻转课堂取得良好教学效果的关键步骤，课前学习的好坏将直接影响翻转课堂的课堂学习活动的组织成效。

（三）课堂学习活动组织

　　课堂学习活动的组织主要用来帮助学生完成知识内化，使学生的认识得到进一步深化，是翻转课堂中最具突出价值的部分，也是翻转课堂能够提高教与学效率的关键所在。学生全身心、高效、全面地参与到课堂学习活动中，通过自主探究，或与同学、教师进行交流讨论来进一步弥补自己认识上的不足，进而查漏补缺、深化认知，完成对知识的迁移与应用。离开了课堂学习活动的高效组织，翻转课堂将失去它的本质特征，无论课前学习如何深入，微课程的利用如何高效，也很难发挥翻转课堂教学模式的教学效果。

三、微课俄语教学中需注意的问题

（一）把握俄语微课的实施范围与实施程度

　　比较理想化的"翻转课堂"模式中，"翻转"是完全彻底的，即所有记忆性、理解性的课程知识都通过信息手段被"翻转"到课下由学生自行学习，而所有的课堂时间，则被用于答疑解惑和能力训练。但是，由于学生的学习习惯、知识储备不同，课程的性质不同，课上、课下的"翻转"程度也应该作相应的调整。

　　同样的课程，大学二年级所适用的"翻转"程度可能就比大学一年级的学生高，学习主动性强的学生就比学习态度懒散的学生要高。即便是同一课程的内容，不同的章节所需要的翻转程度也不尽相同。课程的基础知识完全翻转到课下由学生自主完成，这就有可能出现难点学生无法理解的问题，也可能出现学生抓不住重点或者无法形成系统的、全面的知识体系的问题。

　　为了避免这些情况，教师对课程所设计的翻转程度可以灵活处理，把难点放到课堂上由教师详细讲解，在拓展训练之前，教师也可用较短的时间对课程内容进行快速调整。

（二）关注俄语微课的实质与表现形式

翻转课堂从宏观上对传统课堂的"课上教授+课下作业"的基本范式进行了翻转，对教学活动的参与者、教学环境、教学流程、学习力以及评价力进行了改革。但翻转课堂的实质不是传统的"课上教授"与"课下作业"时空次序的翻转重构，而是学生学习力的深刻转变。

如果不能调动学生学习的主动性和探究性，再精彩的微课也只能是教材的视频化。把课程内容零碎化为一个个小视频颗粒，也可能影响到课程结构的系统性、完整性和逻辑性。基于此，我们认为，翻转课堂模式不一定需要大制作、大投入的网络信息资源建设，也不一定需要将每一门课程转化成一定数量的"知识点"（小视频），只要能够激发学生自内而外的、主动的、探究式的学习，实现知识与技能、过程与方法、情感与价值等不同维度的课程目标，翻转课堂的目的就达到了。

翻转课堂只是一种形式，只要能够达到教育的真正目的——成长，所有教育技术和教学形式的探索都是有价值的。

（三）注重俄语微课教学中的学生负担问题

翻转课堂要求学生先进行自主预习，为了提高预习效果，教师会增加拓展的文字资料和视频资料，并设计相应的"问题支架"。学生在完成预习任务之后，要先在小组内部进行讨论。学生同时也面临着更多的需要自主完成或者团队协作完成的作业。这对习惯于传统课堂教学模式的学生来说，确实增加了他们的课下学习负担。

尤其当学生面临就业压力要取得各项专业技能证书（英语、计算机等级证书，驾驶证，会计证，人力资源证等）时，翻转课堂的"额外任务"会增加他们的焦虑感；更有甚者，当同一学期的多门课程同时进行类似的课堂教学模式改革时，学生会更加感觉疲于应付。

针对这种情况，一方面，要教育学生跳出以往"接受性"学习的惯性和惰性，接受探究式学习任务较多的"新常态"，调整心态，形成积极主动的学习态度。另一方面，教学改革需要适度地循序渐进，在教学改革的进度和深度上也需要不同课程、不同教师之间的协调合作和统筹安排。

（四）重视俄语微课推行过程中的教师激励问题

欲改进课堂教学效果，功夫在课堂之外。翻转课堂教学模式改革，是一个"破"和"立"的过程。

"破"意味着打破以往教师已经熟悉的课程内容、教学设计、教学组织，是对既有经验的超越，意味着重构课程内容体系、重新开发课程资源、重建课堂师生关系以及建立新的能力考核指标体系。

翻转课堂"破"与"立"之间，教师需要付出更多的时间和精力，尤其是课堂教学效果，"没有最好只有更好"。因为教师在教学方面再多的投入，也不能立竿见影地取得显性的绩效和成果，正所谓"吃力不讨好"。这在一定程度上消解了教师推行翻转课堂教学模式的内在动力。因此，需要对教师的改革给予恰当的激励。这种激励绝不是资助经费或是补偿工资就能够解决的。教师的付出可能反而影响科研指标的完成，进而影响职称的晋升，这才是教师更加重视的问题。

参考文献

[1]张一春.信息化教学设计精彩纷呈[M].北京：高等教育出版社，2018.

[2]唐瓷，周鑫燚，王佳家.信息化教学设计理论与实践[M].北京：科学出版社，2016.

[3]翁朱华.远程教育教师角色与素养研究[M].上海：复旦大学出版社，2015.

[4]黄正明.远程教育教程[M].北京：北京交通大学出版社，2017.

[5]周自波.远程教育与学习型社会[M].武汉：华中师范大学出版社，2017.

[6]陈广侠.网络环境下远程教育教学管理与改革研究[M].北京/西安：世界图书出版公司，2018.

[7]冯建瑞.基于教师教学设计能力提升的微格教学模式研究[J].文理导航，2021（01）：73-74.

[8]孙岩.基于 OBE 理念的高校俄语教学模式改革研究[J].黑龙江教育（理论与实践），2020（6）：79-80.

[9]张薇，陈思雨.基于微课的混合式教学模式在大学俄语语法教学中的应用研究[J].鞍山师范学院学报，2020，22（5）：46-50+71.

[10]王淇.微课在俄语翻译教学中运用探析[J].中国科技经济新闻数据库 教育，2022（6）：166-168.

[11]王洪玲.课程思政视阈下应用型大学俄语课程改革创新研究[J].中国科技期刊数据库 科研，2022（6）：42-44.

[12]卢丹阳.探究课程思政在商务俄语翻译课堂教学中的应用[J].科学咨询（教育科研），2020（05）：16-17.

[13]雷舒婷.浅析《基础俄语》教学概况[J].赤子，2018（35）：83.

[14]许筠娟.基于多媒体技术的思维导图在小学语文教学中的应用[J].试题与研究：高考版，2020（7）：189.

[15]朱香玉.中俄合作办学模式下俄语教学问题探析[J].大学教育，2019（06）：139-141+178.

[16]王金花."一带一路"背景下大学俄语教学改革探析[J].内蒙古财经大学学报，2016，14（06）：124-126.

[17]刘利民.中国的俄语教育：传承与发展[J].中国俄语教学，2017，36（01）：1-7.

[18]刘思迪，刘梦迪."一带一路"背景下高校俄语教学创新研究[J].教育教学论坛，2020（13）：345-346.

[19]梁雅丽.俄语语言游戏及其在对外俄语教学中的作用[D].济南：山东大学，2017.

[20]赵彤宇，史慧媛.多媒体网络技术在大学俄语教学中的应用[J].江苏科技信息，2016（06）：47-49.

[21]沈兆文.高等教育外语教学中的文化教学研究[J].海外英语，2017（13）：58-59.

[22]赵静苗.国内高等外语教育"SPOC+翻转课堂"教学模式研究现状——基于CNKI中核心论文的内容分析[J].黑龙江教师发展学院学报，2022，41（07）：132-137.

[23]刘中燕."产出导向法"应用于独立院校大学外语教学的可行性研究[J].太原城市职业技术学院学报，2021（12）：129-131.

[24]邢爱仙.基础俄语教学各环节的教学方法研究与探析[J].农家参谋，2020（07）：285.

[25]左安飞，公斐.中国高等俄语教学：发展历程及展望[J].黑龙江高教研究，2021（05）：143-147.

[26]朱晓晨."大俄语"时代下俄语教学现状及策略分析[J].科技资讯，2020，18（36）：150-152.

[27]雷玉梅,刘扬.混合式俄语教学设计及实施路径研究[J].江苏科技信息，2020，37（11）：82-84.

[28]李琳琳."旅游俄语"课程混合式教学模式建构[J].黑河学院学报,2021,12（08）：119-120+128.

[29]张岩.成果导向教学模式下高校俄语课程教学浅谈[J].中外企业文化，2020（11）：150-151.

[30]张敏幻.应用型俄语翻译人才培养和教学设计探析[J].大学，2022（05）：29-32.

[31]孙永光.新时代高校俄语教学中的文化层次分析[J].学生·家长·社会，2021（01）：327-328.

[32]李青洁.浅论俄语教学过程中文化渗入的意义[J].赤峰学院学报（汉文哲学社会科学版），2015，36（03）：268-269.

[33]张岩.微课在俄语创新教学模式中的应用探讨——基于 OBE 教学理念[J].创新创业理论研究与实践，2020（17）：154-156.